Themen neu

Lehrwerk für Deutsch als Fremdsprache

Glossar
Deutsch-Französisch

1

bearbeitet von
Rosa Madeleine Evans

Max Hueber Verlag

Das Werk und seine Teile sind urheberrechtlich geschützt. Jede Verwertung in anderen als den gesetzlich zugelassenen Fällen bedarf deshalb der vorherigen schriftlichen Einwilligung des Verlags.

| 3. 2. | Die letzten Ziffern bezeichnen |
| 1997 96 95 94 | Zahl und Jahr des Druckes. |

Alle Drucke dieser Auflage können, da unverändert, nebeneinander benutzt werden.
1. Auflage
© 1993 Max Hueber Verlag, D-85737 Ismaning
Umschlagfoto: Rainer Binder, Bavaria Bildagentur, Gauting
Satz: Computersatz Wirth, Regensburg
Druck: Schauenburg Graphische Betriebe GmbH, Schwanau-Allmannsweier
Printed in Germany
ISBN 3–19–061521–7

Quelques conseils

pour vous permettre d'apprendre l'allemand de la façon la plus efficace possible avec la méthode «Themen neu»

1. Conseils généraux

a) Quand on apprend, on fait des fautes. Il n'en va pas autrement dans le cas de l'apprentissage d'une langue étrangère. Ceux qui ont peur d'en faire et qui, pour cette raison, parlent peu, apprendront plus lentement que ceux qui parlent beaucoup, bien qu'ils fassent des fautes.

b) On n'apprend pas à parler, à comprendre, à lire ou à écrire en se contentant d'appliquer des règles. Il faut avant tout parler, écouter, lire et écrire le plus souvent possible. On peut comparer l'apprentissage d'une langue étrangère à l'apprentissage de la conduite automobile: c'est l'entraînement qui fait le bon conducteur.

c) A l'oral, l'essentiel c'est de se faire comprendre. Si le professeur devait constamment corriger les fautes, il n'y aurait plus de communication possible. N'attendez donc pas de votre professeur des corrections constantes quand vous vous entraînez à parler. De votre côté, n'hésitez pas à lui demander de vous corriger plutôt à la fin de l'exercice. Les corrections dans les exercices du «Arbeitsbuch» sont en revanche plus efficaces parce que le professeur peut expliquer de façon plus précise les causes des fautes.

d) Travaillez régulièrement chez vous car le temps passé en cours ne suffit généralement pas. Utilisez le «Arbeitsbuch» et le glossaire: ils ont été conçus pour vous aider.

e) Il est plus facile d'apprendre à deux: essayez de travailler régulièrement avec un autre participant.

2. Vocabulaire

a) N'apprenez jamais les mots isolément mais toujours dans un contexte. Pour chacun des mots que vous voulez apprendre notez une ou deux phrases exemples.

b) Ecrivez les mots des dialogues que vous avez oubliés d'une leçon sur l'autre. Recherchez au moyen de la liste alphabétique les textes dans lesquels vous les avez rencontrés la première fois. Notez une ou deux phrases exemples.

c) Recopiez une vingtaine de phrases des dialogues du manuel et laissez chaque fois un trou pour un mot. Essayez ensuite de compléter le texte.

d) Constituez un fichier de vocabulaire. Sur les fiches, écrivez les mots que vous apprendrez dans chaque leçon avec un exemple, mais sans traduction. Vérifiez ensuite tous les deux ou trois jours quels mots vous avez oubliés et classez ces mots dans un fichier particulier qui fera l'objet d'un apprentissage renforcé. Reclassez les mots dans le fichier normal quand vous constaterez que vous les connaissez.

3. Expression orale

a) Trouvez vous-même à la maison des variantes aux dialogues du manuel. Ecrivez ces variantes et faites-les corriger par votre professeur. Si vous avez un(e) ami(e) qui apprend aussi l'allemand, essayez de jouer ensemble les dialogues du manuel et les variantes que vous aurez inventées.

b) Choisissez un rôle enregistré sur la cassette: répétez-le phrase par phrase.

4. Compréhension orale

Ecoutez le plus d'allemand possible, même si vous ne comprenez pas tout. Vous vous familiariserez ainsi à la musique et au débit de la langue. Ne lisez surtout pas le texte en même temps si ces textes sont également imprimés. Le programme complémentaire de compréhension orale «Hören Sie mal 1» qui accompagne «Themen» vous permettra de vous entraîner à l'écoute (N° de commande 1484; livre sans cassettes 14.1371).

5. Lecture

a) Collectionnez les textes allemands et lisez le plus d'allemand possible. Lisez les textes du manuel à la maison, même s'ils n'ont pas été traités en cours.

b) Prenez des notes sur les informations essentielles contenues dans chaque texte pour ensuite rédiger un petit résumé. Demandez à votre professeur de vous le corriger.

c) On ne s'entraîne jamais assez. Exercez-vous donc à la maison avec un autre participant. Vous pouvez par exemple vous poser des questions sur le texte à l'aide des notes que vous aurez prises.

6. Ecrire

A partir de quelques indications ou notes, écrivez une lettre en allemand à une personne réelle ou imaginaire. (Suggestions: vous avez un nouvel appartement et souhaitez indiquer le chemin à un(e) ami(e), vous voulez inviter quelqu'un à déjeuner, vous désirez raconter ce que vous avez fait la semaine passée, etc.). Vous pouvez également tenir un journal. N'hésitez pas à demander à votre professeur de corriger votre production écrite: on ne fait des progrès que si l'on comprend ses fautes.

Lektion 1

Seite 7

Guten Tag! *Bonjour!*
Ich heiße Helga Brunner. *Je m'appelle Helga Brunner.*
ich *je*
heiße → heißen *m'appelle* → *s'appeler*
Wie heißen Sie? *Comment vous appelez-vous?*
wie? *comment?*
Sie *vous*
Und ich heiße Marc Biro. *Et moi, je m'appelle Marc Biro.*
und *et*
Mein Name ist Peter Miller. *Mon nom, c'est Peter Miller.*
mein Name *mon nom*
der Name, -n *le nom*
Wer ist das? *Qui est-ce?*
wer? *qui?*
ist → sein *est* → *être*
das *pronom démonstratif*
Das ist Frau Brunner. *C'est Madame Brunner.*
die Frau, -en *la dame*
Wie bitte? *Comment?*
Das ist Herr ... *C'est Monsieur ...*
der Herr, -en *le monsieur*

Seite 8

die Europareise, -n *le voyage en Europe*
Ich bin die Reiseleiterin. *Je suis la responsable du groupe.*
die *la*
die Reiseleiterin, -nen *la responsable du groupe*
Nein, ich heiße Lüders. *Non, je m'appelle Lüders.*
nein *non*
Ja, das bin ich. *Oui, c'est moi.*
ja *oui*
bin → sein *suis* → *être*
Auf Wiedersehen! *Au revoir!*
Gute Fahrt! *Bonne route!*

Seite 9

Guten Abend! *Bonsoir!*
Hallo, ich bin die Lea. *Salut, moi c'est Lea.*
Hallo! *Salut!*
Wie heißt du? *Comment t'appelles-tu?*
du *tu*
Wie geht es Ihnen? *Comment allez-vous?*
Guten Morgen! *Bonjour!*
Es geht. *Ça va.*
Und Ihnen? *Et vous?*
Danke, gut! *Bien, merci.*
danke *merci*
gut *bien*
Wie geht es dir? *Comment vas-tu?*
Danke, auch gut. *Bien aussi, merci.*
auch *aussi*

Seite 10

Noch einmal, bitte langsam! *Encore une fois, lentement s'il vous plaît.*
noch einmal *encore une fois*
bitte *s'il vous plaît*
langsam *lentement*
Wie ist Ihr Familienname? *Quel est votre nom?*
der Familienname, -n *le nom*
Wie schreibt man das? *Comment l'écrit-on?*
schreiben *écrire*
man *on*
Buchstabieren Sie, bitte! *Pouvez-vous*

épeler, s'il vous plaît?
buchstabieren *épeler*
Und Ihr Vorname? *Et votre prénom?*
der Vorname, -n *le prénom*
Und wo wohnen Sie? *Et où habitez-vous?*
wo *où*
wohnen *habiter*
In Erfurt. *à Erfurt*
in *à*
Ihre Adresse? *Votre adresse?*
die Adresse, -n *l'adresse*
Ihre *votre*
Ahornstraße 2. *2, rue de l'érable.*
die Straße, -n *la rue*
Und wie ist Ihre Telefonnummer? *Et quel est votre numéro de téléphone?*
die Telefonnummer, -n *le numéro de téléphone*
Danke schön! *Merci beaucoup.*
Bitte schön! *Je vous en prie.*
Ergänzen Sie. *Complétez.*
ergänzen *compléter*
der Wohnort, -e *le domicile*
das Telefon, -e *le téléphone*
dein Vorname *ton prénom*
dein *ton*
Fragen Sie im Kurs. *Demandez dans la classe.*
fragen *demander*
der Kurs, -e *la classe*
der Umlaut, -e *la voyelle infléchie*

Seite 11

die Zahl, -en *le nombre, le chiffre*
die Postleitzahl, -en *le code postal*
Wie heißt der Ort? *Comment s'appelle l'endroit?*
der Ort, -e *l'endroit, le lieu*
Wie ist die Postleitzahl von …, bitte?
Quel est le code postal de …, s'il vous plaît?
von *de*
die Postkarte, -n *la carte postale*
Hören Sie Gespräch eins und notieren Sie die Adresse. *Ecoutez le dialogue 1 et notez l'adresse.*
hören *écouter*
das Gespräch, -e *le dialogue, la conversation*
notieren *noter*
Hören und notieren Sie zwei weitere Adressen. *Ecoutez et notez deux autres adresses.*
weitere *autres*

Seite 12

Wer ist da, bitte? *Qui est à l'appareil?*
da: Wer ist da? *Qui est-ce?*
Ist da nicht …? *Ce n'est pas …?*
nicht *ne … pas*
Nein, hier ist … *Non, ici c'est …*
hier *ici*
Hören Sie noch einmal und lesen Sie: *Ecoutez encore une fois et lisez:*
lesen *lire*
Entschuldigung! *Excusez-moi!*
Bitte schön. *Je vous en prie.*
Macht nichts! *Il n'y a pas de quoi.*
Spielen Sie weitere Dialoge. *Jouez d'autres dialogues.*
spielen *jouer*
der Dialog, -e *le dialogue*
Wieviel ist das? *Ça fait combien?*
wieviel? *combien?*
Wie weiter? *Qu'est-ce qui suit?*

Seite 13

Düsseldorf ist international. *Düsseldorf est international.*
Das sind Kinder aus aller Welt. *Voici des enfants venant des quatre coins du monde.*
das Kind, -er *l'enfant*
aus *de*
die Welt, -en *le monde*
aus aller Welt *des quatre coins du monde*
Sie kommen aus Brasilien, Frankreich, Indien, Japan und Schweden. *Ils viennent du Brésil, de France, d'Inde, du Japon et de Suède.*
sie *ils*
kommen *venir*
Brasilien *le Brésil*
Frankreich *la France*
Indien *l'Inde*
Japan *le Japon*
Schweden *la Suède*
Sie wohnen in Düsseldorf, denn ihre Eltern arbeiten da. *Ils habitent à Düsseldorf car leurs parents y travaillent.*
denn *car*
ihre *leurs*
die Eltern *(Plural)* *les parents*
arbeiten *travailler*
In Deutschland leben etwa viereinhalb Millionen Ausländer. *En Allemagne vivent environ quatre millions et demi d'étrangers.*
Deutschland *l'Allemagne*
leben *vivre*
etwa *environ*
die Million, -en *le million*
der Ausländer, - *l'étranger*
Was meinen Sie? *Que pensez-vous?*
was? *Qu'est-ce que?, Qu'est-ce qui?*
meinen *penser*

Woher kommt ...? *D'où vient ...?*
woher? *d'où ...?*
die Lösung, -en *la solution*
die Seite, -n *la page*
Ich komme aus Bergen in Norwegen. *Je viens de Bergen en Norvège.*
Norwegen *la Norvège*
Spanien *l'Espagne*

Seite 14

die Leute *les gens*
Jetzt lebt sie in Hamburg. *Maintenant, elle vit à Hambourg.*
jetzt *maintenant*
Sie ist verheiratet und hat zwei Kinder. *Elle est mariée et a deux enfants.*
verheiratet *marié*
hat → haben *a* → *avoir*
Frau Wiechert ist 34 Jahre alt und Ingenieurin von Beruf. *Mme W. a 34 ans, elle est ingénieur de métier.*
das Jahr, -e *l'an, l'année*
34 Jahre alt sein *avoir 34 ans*
die Ingenieurin, -nen *l'ingénieur (féminin)*
von Beruf ... sein *excercer la profession de ...*
Aber zur Zeit ist sie Hausfrau. *Mais actuellement elle est femme au foyer.*
aber *mais*
zur Zeit *actuellement*
die Hausfrau, -en *la femme au foyer*
Die Kinder sind noch klein. *Les enfants sont encore petits.*
klein *petit*
Angelika Wiechert hat zwei Hobbys: *A. W. a deux passe-temps:*
das Hobby, -s *le passe-temps*
lesen *lire*
surfen *faire de la planche à voile*

Sie sind Landwirte und arbeiten zusammen. *Ils sont agriculteurs et ils travaillent ensemble.*
der Landwirt, -e *l'agriculteur*
zusammen *ensemble*
Ein Junge studiert Elektrotechnik in Basel. *Un garçon fait ses études d'électronique à Bâle.*
der Junge, -n *le garçon*
ein Junge *un garçon*
studieren *faire des études*
die Elektrotechnik *l'électronique*
Ein Mädchen lernt Bankkauffrau in Bern. *Une fille fait son apprentissage d'employée de banque à Bern.*
das Mädchen, - *la fille*
lernen *apprendre*
die Bankkauffrau, -en *l'employée de banque*
Zwei Kinder sind noch Schüler. *Deux enfants vont encore à l'école.*
der Schüler, - *l'écolier*
Auch sie möchten später nicht Landwirte werden. *Eux non plus ne veulent pas devenir agriculteur plus tard.*
auch: auch nicht *non plus*
möchten *vouloir*
später *plus tard*
werden (Landwirt werden) *devenir*
der Beruf, -e *la profession*
der Familienstand *la situation de famille*
das Alter *l'âge*

Seite 15

Katja Heinemann ist Ärztin in Leipzig. *K. H. est docteur à Leipzig.*
die Ärztin, -nen *le docteur (féminin)*
Sie ist ledig und hat ein Kind. *Elle est célibataire et a un enfant.*
ledig *célibataire*

Berufstätig sein und ein Kind erziehen, das ist nicht leicht. *Exercer une profession et élever un enfant, ce n'est pas facile.*
berufstätig: berufstätig sein *exercer une profession*
erziehen *élever*
leicht *facile*
Katja Heinemann spielt sehr gut Klavier. *K. H. joue très bien du piano.*
sehr gut *très bien*
das Klavier, -e *le piano*
spielen (Klavier spielen) *jouer*
Das ist ihr Hobby. *C'est son passe-temps.*
Klaus-Otto Baumer, Automechaniker, wohnt in Vaduz. *K.-O. B., mécanicien, habite à Vaduz.*
der Automechaniker, - *le mécanicien*
Er hat dort eine Autofirma. *Là, il a un garage.*
dort *là*
eine Autofirma *un garage*
die Autofirma, -firmen *le garage*
Er ist 53 Jahre alt und verwitwet. *Il a 53 ans et il est veuf.*
verwitwet sein *être veuf*
Herr Baumer ist oft in Österreich und in der Schweiz. *M. B. est souvent en Autriche et en Suisse.*
Österreich *l'Autriche*
die Schweiz *la Suisse*
Dort kauft und verkauft er Autos. *Là, il achète et vend des voitures.*
kaufen *acheter*
verkaufen *vendre*
das Auto, -s *la voiture*
Sein Hobby ist Reisen. *Son passe-temps c'est les voyages.*
reisen *voyager*

Seite 16

Schreiben Sie drei Texte. *Ecrivez trois textes.*
der Text, -e *le texte*
schreiben *écrire*
Polen *la Pologne*
Er ist verheiratet mit Irena Hoppe *Il est marié avec I. H.*
mit *avec*
die Studentin, -nen *l'étudiante*
Medizin studieren *faire des études de médecine*
der Lehrer, - *le professeur*
der Fotograf, -en *le photographe*
geschieden *divorcé*
der Programmierer, - *le programmeur*
bei Müller & Co. *chez Müller & Co.*
Tennis spielen *jouer au tennis*
Wer spricht? *Qui est-ce qui parle?*
sprechen *parler*
Und jetzt Sie: Wer sind Sie? *Et maintenant à vous: Qui êtes-vous?*
jetzt *maintenant*
das Land, ¨-er *le pays*
Schreiben Sie jetzt und lesen Sie dann laut: *Ecrivez maintenant et lisez ensuite à haute voix:*
dann *ensuite*
laut: laut lesen *à haute voix*
Fragen Sie im Kurs und berichten Sie dann: *Demandez dans la classe et faites votre rapport ensuite:*
berichten *rapporter*

Seite 17

der Kaufmann, Kaufleute *l'employé commercial*
die Sekretärin, -nen *la secrétaire*
der Schlosser, - *l'ajusteur*
der Mechaniker, - *le mécanicien*
die Telefonistin, -nen *la standardiste*
Guten Tag, ist hier noch frei? *Bonjour, est-ce que la place est encore libre?*
noch *encore*
frei sein *être libre*
Ja, bitte. *Oui, je vous en prie.*
Sind Sie neu hier? *Est-ce que vous êtes nouveau?*
neu *nouveau*
Ja, ich arbeite erst drei Tage hier. *Oui, je ne travaille ici que depuis trois jours.*
erst drei Tage *que depuis trois jours*
der Tag, -e *le jour*
Ach so. *Ah, bon!*
Und was machen Sie? *Et que faites-vous?*
machen *faire*
Übrigens: Ich heiße Klaus Henkel. *A propos, je m'appelle K. H.*
übrigens *à propos*
Kommen Sie aus England? *Vous venez d'Angleterre?*
England *l'Angleterre*
Neuseeland *la Nouvelle-Zélande*
Sie sprechen aber schon gut Deutsch. *Vous parlez déjà bien l'allemand.*
schon *déjà*
gut *bien*
Deutsch *l'allemand*
Na ja, es geht. *Oh, ça va.*
es geht *ça va*
Nein, ich arbeite schon vier Monate hier. *Non, je travaille ici depuis quatre mois déjà.*
der Monat, -e *le mois*
Was sind Sie von Beruf? *Quelle est votre profession?*
von Beruf sein *faire (comme profession)*
Fußball spielen *jouer au football*
fotografieren *photographier*

Seite 18

km = der Kilometer, - *le kilomètre*
Habt ihr Feuer? *Avez-vous du feu?*
Feuer haben *avoir du feu*
Nein, leider nicht. *Non, désolé.*
leider nicht *non malheureusement*
Wartet ihr hier schon lange? *Attendez-vous depuis longtemps ici?*
warten *attendre*
ihr *vous*
lange *longtemps*
schon lange *depuis longtemps*
Wir kommen aus Rostock. *Nous venons de Rostock.*
wir *nous*
Wo liegt das denn? *Mais où est-ce que ça se trouve?*
wo? *où?*
liegen *se trouver*
denn *mais*
Bei Wien. *Près de Vienne.*
bei *près de*
Ich bin Österreicher. *Je suis autrichien.*
der Österreicher *l'autrichien*
Wohin möchtet ihr? *Où voulez-vous aller?*
wohin? *où?*
Nach München. *A Munich.*
nach *à, en*
Wo sind die Tramper? *Où sont les auto-stoppeurs?*
der Tramper, - *l'auto-stoppeur*
C besucht seine Mutter. *C rend visite à sa mère.*
besuchen *rendre visite*
seine *sa*
C hat Geburtstag. *C'est l'anniversaire de C.*
Geburtstag haben: heute habe ich Geburtstag *Aujourd'hui c'est mon anniversaire.*

Seite 19

Mein Gott! *Mon Dieu!*
Ach so! *Ah, bon!*
Ich verstehe nicht! *Je ne comprends pas!*
verstehen *comprendre*
Ja dann – guten Tag! *Alors – Bonjour!*
ja dann *Bon alors*
Bin ich vielleicht …? *Suis-je peut-être …?*
vielleicht *peut-être*
Ach was! *Mais quoi!*

Seite 20

wohnhaft *demeurant*
Wann sind Sie geboren? *Quand êtes-vous né?*
wann? *quand?*
geboren sein *être né*
Am 5. 5. 55. *le 05/05/55*
der Geburtsort, -e *le lieu de naissance*
Sie sind also Herr Weiß … *Vous êtes donc Monsieur W …*
also *donc*
… verheiratet mit Isolde Weiß … *marié avec I. W.*
verheiratet sein mit *être marié avec*
richtig *exact*
Aber ich arbeite schwarz. *Mais je travaille au noir.*
schwarz arbeiten *travailler au noir*
Das ist verboten. *C'est interdit.*
verboten sein *être interdit*
Ich weiß. *Je sais.*
wissen *savoir*

Lektion 2

Seite 21

der Stuhl, ¨e *la chaise*
der Kugelschreiber, - *le stylo à bille*
die Frau, -en *la dame*
der Topf, ¨e *la casserole*
die Batterie, -n *la pile*
der Elektroherd, -e *la cuisinière électrique*
die Lampe, -n *la lampe*
die Kamera, -s *l'appareil photo*
die Glühbirne, -n *l'ampoule*
der Tisch, -e *la table*
das Waschbecken, - *le lavabo*
der Taschenrechner, - *la calculatrice*
der Stecker, - *la fiche*
die Steckdose, -n *la prise*

Seite 22

Was paßt zusammen? *Qu'est-ce qui va ensemble?*
zusammenpassen *aller ensemble, se marier*
die Taschenlampe, -n *la lampe de poche*
der Singular, -e *le singulier*
der Plural, -e *le pluriel*
Entscheiden Sie. *Décidez.*
entscheiden *décider*
Sie haben 5 Minuten Zeit. *Vous avez cinq minutes.*
die Minute, -n *la minute*
Zeit haben *avoir le temps*

Seite 23

die Mine, -n *la mine*
der Wasserhahn, ¨e *le robinet*
das Worträtsel, - *le jeu de mots*

Ergänzen Sie die Wörter. *Complétez les mots.*
das Wort, ¨er *le mot*
die Küche, -n *la cuisine*

Seite 24

Eine Küche ist einfach eine Küche ... *Une cuisine c'est une cuisine ...*
oder *ou*
eine Küche von BADENIA *c'est une BADENIA*
von *de*
Das ist ein Küchenschrank. *C'est un placard de cuisine.*
der Küchenschrank, ¨e *le placard de cuisine*
die Spüle, -n *l'évier*
das Küchenregal, -e *l'étagère de cuisine*
die Küchenlampe, -n *la lampe de cuisine*
der Küchenstuhl, ¨e *la chaise de cuisine*
der Schrank, ¨e *le placard*
das Regal, -e *l'étagère*

Seite 25

er *il*
sie *elle*
es *pronom neutre*
Der Schrank hat 8 Schubladen. *Le placard a huit tiroirs.*
die Schublade, -n *le tiroir*
Er kostet DM 998,– *Il coûte 998,- DM*
kosten *coûter*
DM *unité de monnaie allemande*
Die Spüle hat zwei Becken. *L'évier a deux bacs.*
das Becken, - *le bac*
Das Kochfeld ist aus Glaskeramik. *La plaque de cuisson est en vitrocéramique.*

11

das Kochfeld, -er *la plaque de cuisson*
aus ... sein *être en ...*
die Glaskeramik, -en *la table à induction*
Die Stühle sind sehr bequem. *Les chaises sont très confortables.*
sehr *très*
bequem *confortable*
der Herd, -e *la cuisinière*
modern *moderne*
die Mikrowelle, -n *le micro-onde*
Watt *le watt*
der Geschirrspüler, - *le lave-vaisselle*
das Programm, -e *le programme*
Das Regal ist sehr praktisch. *L'étagère est très pratique.*
praktisch *pratique*

Seite 26

die Person, -en *la personne*
der Verkaufsleiter, - *le chef de vente*
die Uhr, -en *l'horloge, la pendule*
der Fernsehapparat, -e *le téléviseur*
das Bild, -er *le tableau*
die Waschmaschine, -n *la machine à laver*
der Kühlschrank, ¨-e *le réfrigérateur*
das Radio, -s *la radio*
der Abfalleimer, - *la poubelle*
kein Stuhl *pas de chaise*
keine Lampe *pas de lampe*
kein Bild *pas de tableau*

Seite 27

Was kann man hier ersteigern? *Que peut-on acheter aux enchères ici?*
können *pouvoir*
ersteigern *acheter aux enchères*
Wieviel Geld bieten die Leute? *Combien est-ce que les gens offrent?*
das Geld, -er *l'argent*
bieten *offrir*

Seite 28

dies und das *ceci et celà*
Das Geschäft mit Witz und Ideen *Le magasin avec de l'ingéniosité et des idées*
das Geschäft, -e *ici: le magasin, l'affaire*
der Witz *l'ingéniosité*
die Idee, -n *l'idée*
Ihr Fernsehapparat funktioniert. *Votre téléviseur fonctionne.*
funktionieren *fonctionner, marcher*
Aber seien Sie mal ehrlich: *Mais soyez honnête!*
mal *ici: sert seulement à renforcer la phrase*
ehrlich *honnête, sincère*
Ist Ihr Fernsehapparat originell? *Votre téléviseur est-il original?*
originell *original, singulier*
Ist Ihr Telefon witzig? *Votre téléphone est-il amusant?*
witzig *amusant, plein d'esprit*
Ist Ihr Radio lustig? *Votre radio est-elle drôle?*
lustig *drôle*
Dann kommen Sie zu DIES & DAS! *Alors venez chez Dies & Das!*
zu ... kommen *venir chez ...*
Ihr Geschäft mit 1000 Ideen für Haus und Haushalt. *Votre magasin avec 1000 idées pour la maison et l'intérieur.*
das Haus, ¨-er *la maison*
der Haushalt, -e *le ménage, l'intérieur*
das Preisausschreiben, - *le concours*
der Preis, -e *le prix*
der Wert, -e *la valeur*
der Helm, -e *le casque*
sondern *mais*

12

der Schuh, -e *la chaussure*
die Parkuhr, -en *le parcmètre*
die Hausnummer, -n *le numéro d'habitation*
Lösung bis 30.4.92 an: ... *Envoyez votre solution jusqu'au 30/04/92 à ...*
bis *jusque, jusqu'à*
an *à*

Seite 29

Das ist mein Bett. *C'est mon lit.*
das Bett, -en *le lit*
Dein Bett? *ton lit?*
dein *ton*
Entschuldigen Sie! Was ist das denn? *Excusez-moi! C'est quoi ça?*
entschuldigen *excuser*
Das ist mein Auto. *C'est ma voiture.*
Es fährt sehr gut. *Elle roule très bien.*
fahren *rouler*
Sag mal, was ist das denn? *Dis-moi, c'est quoi ça?*
sagen *dire*
Warum fragen Sie? *Pourquoi me posez-vous cette question?*
warum? *pourquoi?*
Und funktioniert sie auch? *Et elle marche vraiment?*
auch *aussi*
Ja, kein Problem *Oui, sans problème.*
das Problem, -e *le problème*
Spielen Sie ähnliche Dialoge im Kurs. *Faites des dialogues semblables en classe.*
ähnlich *semblable*

Seite 30

Deine Kamera ist kaputt? *Ton appareil photo est cassé?*

kaputt *cassé, défectueux*
Die Batterie ist leer. *La pile est vide.*
leer sein *être vide*
Hören und Sprechen. *Ecouter et parler.*
sprechen *parler*
Das Benzin ist alle. *Il n'y a plus d'essence.*
das Benzin *l'essence*
alle sein *être épuisé*
Der Stecker ist raus. *La fiche est débranchée.*
raus sein *ici : être débranché*
Meine Spülmaschine spült nicht. *Mon lave-vaisselle ne marche pas.*
spülen *laver, rincer*
gehen *fonctionner, marcher (pour un appareil)*
Hören Sie jetzt die Dialoge auf der Kassette. *Ecoutez maintenant les dialogues de la cassette.*
die Kassette, -n *la cassette*
Korrigieren Sie Ihre Fehler! *Corrigez vos erreurs!*
der Fehler, - *l'erreur, la faute*
korrigieren *corriger*
Die Waschmaschine wäscht nicht. *La machine à laver ne marche pas.*
waschen *laver*
Der Wasserhahn ist zu. *Le robinet d'eau est fermé.*
zu sein *être fermé*
Die Fernbedienung ist kaputt. *La télécommande est cassée.*
die Fernbedienung, -en *la télécommande*

Seite 31

das Lernspiel, -e *»Apprenons en jouant«*
die Gruppe, -n *le groupe*
der Spieler, - *le joueur*
Spieler C fragt, Spieler A und Spieler B

13

antworten. *Le joueur C pose les questions, les joueurs A et B répondent.*
antworten *répondre*
Spieler A bekommt 10 Karten. *Le joueur A reçoit dix cartes.*
bekommen *recevoir*
die Karte, -n *la carte*
Spieler C fragt Spieler A oder Spieler B:
 ... *Le joueur C pose une question à A ou à B: ...*
Antonia, ist Nr.1 dein Schrank? *Antonia, le No. 1 c'est ton armoire?*
die Antwort, -en *la réponse*
Nein, das ist ihr Schrank. *Non, c'est son armoire.*
Stimmt, das ist sein Schrank. *C'est vrai, c'est son armoire. (en allemand le pronom possessif 3e pers. du sing. est différent selon le genre du possesseur: sein masc., ihr fém.)*
es stimmt *c'est vrai, c'est exact*
sein *être*
Die Spieler wechseln: Spieler A ist jetzt Spieler B. *Changement de joueurs, A devient B.*
wechseln *changer*
Viel Spaß! *Amusez-vous bien!*

Seite 32

Alles ganz modern. *le tout entièrement moderne.*
alles *tout*
ganz *entièrement*
modern *moderne*
Sehr komisch! *très étrange*
komisch *étrange, drôle*
interessant *intéressant*
Und gar nicht teuer. *Et pas cher du tout.*
gar nicht *pas du tout*
Donnerwetter! *sapristi! tonnerre!*

Auch sehr modern, und gar nicht teuer. *Très moderne également et pas cher du tout.*
natürlich *naturellement*
heute *aujourd'hui, de nos jours*

Lektion 3

Seite 33

Essen und Trinken *Manger et boire*
die Kartoffel, -n *la pomme de terre*
das Obst *les fruits*
der Käse *le fromage*
die Wurst *la saucisse, le saucisson*
der Salat *la salade*
der Reis *le riz*
die Milch *le lait*
das Gemüse *les légumes*
das Wasser *l'eau*
der Wein, -e *le vin*
die Butter *le beurre*
das Fleisch *la viande*
der Fisch, -e *le poisson*
das Glas, ¨er *le verre*
das Bier, -e *la bière*
das Brot, -e *le pain*
die Gabel, -n *la fourchette*
der Löffel, - *la cuillère*
der Teller, - *l'assiette*
das Messer, - *le couteau*
das Ei, -er *l'œuf*
der Kuchen, - *le gâteau*

Seite 34

trinken *boire*
er ißt *il mange*
essen *manger*

Seite 35

Er ißt einen Hamburger. *Il mange un hamburger.*
der Hamburger, - *le hamburger*
die Pizza, -s (*oder* Pizzen) *la pizza*
das Brötchen, - *le petit pain*
die Suppe, -n *la soupe*
das Wurstbrot, -e *le sandwich au saucisson*
die Marmelade *la confiture*
das Käsebrot, -e *le sandwich au fromage*
das Hähnchen, - *le poulet*
das Kotelett, -s *la côtelette, la côte de porc*
das Eis *la glace*
der *oder* das Ketchup *le ketchup*
der Orangensaft, ¨e *le jus d'orange*
der Schnaps, ¨e *l'eau-de-vie*
die Cola, -s *le coca*
das Mineralwasser, ¨ *l'eau minérale*
die Flasche, -n *la bouteille*
drei Gläser Saft *trois verres de jus de fruits*
der Saft, ¨e *le jus de fruits*
die Dose, -n *la boîte*
die Tasse, -n *la tasse*
der Tee, -s *le thé, la tisane*
der Kaffee *le café*
der Nominativ, -e *le nominatif*
der Akkusativ, -e *l'accusatif*
Erzählen Sie. *Racontez.*
erzählen *raconter*
Morgens ißt Franz Kaiser ein Brötchen mit Butter und Marmelade. *Le matin, F. K. mange un petit pain avec du beurre et de la confiture.*
morgens *le matin*
Nachmittags ißt Franz Pommes frites mit Ketchup und ein Eis *L'après-midi, F. mange des frites avec du ketchup et une glace.*
nachmittags *l'après-midi*
die Pommes frites (*Plural*) *les frites*
mittags *le midi*
abends *le soir*

Seite 36

Wer mag keinen Fisch? *Qui n'aime pas le poisson?*
mögen *aimer*
Was glauben Sie? *Que croyez-vous?*
glauben *croire*
Hören Sie die Interviews auf der Kassette. *Ecoutez les interviews de la cassette.*
das Interview, -s *l'interview*
Markieren Sie die Antworten. *Cochez les réponses.*
markieren *cocher, marquer*
Üben Sie. *Exercez-vous.*
üben *s'exercer, s'entraîner*
Essen Sie gerne Fleisch? *Est-ce que vous aimez bien la viande?*
gerne *volontiers*
das Steak, -s *le bifteck, le steak*
Ich trinke lieber Tee. *Je préfère le thé.*
lieber: lieber haben *préférer, aimer mieux*
Mittags trinke ich sehr oft ... *Le midi, je bois très souvent ...*
oft *souvent*
Nachmittags manchmal ein ... *L'après-midi, de temps en temps un ...*
manchmal *de temps en temps*

Seite 37

der Gasthof, ¨e *l'auberge*
Kalte Gerichte *les plats froids*
kalt *froid*
das Gericht, -e *le plat*
die Fischplatte, -n *l'assiette de poisson*

das Toastbrot, -e *le toast*
der Käseteller, - *l'assiette de fromage*
das Weißbrot, -e *le pain blanc*
die Schinkenplatte, -n *l'assiette de jambon*
mit *avec*
das Schwarzbrot, -e *le pain noir*
die Gurke, -n *le cornichon*
die Gemüsesuppe, -n *la soupe de légumes*
die Rindfleischsuppe, -n *le consommé de bœuf*
die Zwiebelsuppe, -n *la soupe à l'oignon*
das Hauptgericht, -e *le plat principal*
der Schweinebraten, - *le rôti de porc*
die Kartoffel, -n *la pomme de terre*
der Rotkohl *le chou rouge*
das Rindersteak, -s *le bifteck*
Bohnen *les haricots*
die Bratwurst, ⸚e *la saucisse grillée*
der Kartoffelsalat, -e *la salade de pommes de terre*
die Bratkartoffeln *(Plural)* *les pommes de terre sautées*
der Salatteller, - *l'assiette de crudités*
das Brathähnchen, - *le poulet rôti*
der Bratfisch, -e *le poisson frit*
das Dessert, -s *le dessert*
die Sahne *la crème chantilly*
die Frucht, ⸚e *le fruit*
der Apfelkuchen, - *le gâteau aux pommes*
der Obstkuchen, - *le gâteau aux fruits*
das Getränk, -e *la boisson*
Coca Cola (Flasche, 0,2 l) 2,80 *Coca Cola (la bouteille de 0,2 l) 2,80 DM*
die Coca Cola, -s *le Coca Cola*
die Flasche, -n *la bouteille*
0,2 l (0,2 Liter) *0,2 l (0,2 litre)*
die Limonade, -n *la limonade*
der Apfelsaft *le jus de pomme*

der Rotwein, -e *le vin rouge*
der Weißwein, -e *le vin blanc*
Ich nehme eine Zwiebelsuppe und dann einen Schweinebraten mit Kartoffeln und Rotkohl. *Je prends une soupe à l'oignon et ensuite un rôti de porc avec des pommes de terre et du chou rouge.*
nehmen *prendre*
Als Nachtisch esse ich einen Obstkuchen mit Sahne, und danach trinke ich noch einen Kaffee. *Comme dessert je mange un gâteau aux fruits avec de la chantilly et après je prendrai encore un café.*
als Nachtisch *comme dessert*
der Nachtisch *le dessert*
danach *après*
noch *encore*
Sie sind im Gasthof Niehoff und lesen die Speisekarte. *Vous êtes à l'auberge Niehoff et vous lisez la carte.*
die Speisekarte, -n *la carte, le menu*
Zuerst esse ich ... *D'abord je mange ...*
zuerst *d'abord, en premier*

Seite 38

Wir möchten gern bestellen. *Nous aimerions bien commander.*
gern *bien*
bestellen *commander*
Geht das? *C'est possible?*
der Hörtext, -e *le texte d'écoute*

Seite 39

Wir möchten bitte bezahlen. *L'addition, s'il vous plaît.*
bezahlen *payer, régler*
Zusammen oder getrennt? *Ensemble ou séparément?*

zusammen *ensemble*
getrennt *ici: séparément*
Vielen Dank! *Merci beaucoup!*
Das macht 28 Mark 30. *Cela fait 28,30 DM.*
die Mark *le mark allemand*
Stimmt so. *Gardez la monnaie!*
so *ainsi*
die Dialogarbeit, -en *exercices sur les dialogues*
Ergänzen Sie die Preise. *Complétez les prix.*
der Preis, -e *le prix*

Seite 40

Schmeckt der Fisch? *Est-ce que le poisson est bon?*
schmecken *être bon, plaire*
Danke, er ist phantastisch. *Merci, il est délicieux.*
phantastisch *fantastique*
Nehmen Sie doch noch etwas Fisch! *Reprenez donc encore un peu de poisson!*
doch *donc*
noch *encore*
etwas *ici: un peu*
Nein danke, ich habe genug. *Non merci, j'en ai assez.*
genug *assez*
Danke, ich bin satt. *Merci, j'ai assez mangé (= Je suis rassasié)*
satt *rassasié*
Ich möchte nicht mehr. *Merci, je n'en veux plus.*
nicht mehr *ne ... plus*
Kommst Du zum Abendessen? *Est-ce que tu viens dîner?*
das Abendessen, - *le dîner*
der Samstag, -e *le samedi*
Ich koche selbst! *C'est moi qui fais la cuisine.*
kochen *faire la cuisine*
selbst *moi-même*
Was essen sie als Vorspeise? *Que mangent-ils comme hors d'œuvre?*
als *comme*
die Vorspeise, -n *le hors-d'œuvre, l'entrée*
das Hauptgericht, -e *le plat principal*
Was ist die Nachspeise? *Qu'est-ce qu'il y a comme dessert?*
die Nachspeise, -n *le dessert*
sauer *acide*
süß *sucré, doux*
warm *chaud*
bitter *amer*
die Limo, -s *la limonade*
alt *vieux*
trocken *sec*
hart *dur*
salzig *salé*
scharf *épicé, fort*
frisch *frais*
fett *gras*
trocken *ici: la viande est trop cuite*
die Soße, -n *la sauce*

Seite 41

der Lebensmittelfachmarkt, ¨e *le magasin d'alimentation*
à *de*
Emsland Mineralwasser 4,48 12 Flaschen à 0,7 Ltr. *Eau minérale Emsland 4,48 12 bouteilles de 0,7 litre.*
das Mineralwasser, ¨ *l'eau minérale*
das Vollkornbrot, -e *le pain complet*
der Käse *le fromage*
Holland *la Hollande*
der *oder* das Joghurt *le yaourt*
die Marmelade *la confiture*

die Kirsche, -n *la cerise*
die Erdbeere, -n *la fraise*
das Glas, ¨er *ici: le pot*
die Butter *le beurre*
die Kartoffel, -n *la pomme de terre*
die Salatgurke, -n *le concombre*
die Gurke, -n *le cornichon*
das Stück, -e *la pièce*
der Paprika *le poivron*
die Tomate, -n *la tomate*
das Öl *l'huile*
die Flasche, -n *la bouteille*
Ltr. = der Liter *le litre*
der Zucker *le sucre*
die Packung, -en *le paquet*
das Mehl *la farine*
das Gewürz, -e *l'épice*
der Paprika *le paprika*
der Pfeffer *le poivre*
die Salami, -s *le salami*
der Schinken, - *le jambon*
der Aufschnitt *l'assortiment de charcuterie*
das Rindersteak, -s *le bifteck*
die Nuß, Nüsse *ici: la noisette*
die Schokolade, -n *le chocolat*
g = das Gramm *le gramme*
der Apfel, ¨ *la pomme*
das Vollwaschmittel, - *la lessive (tous programmes)*
kg = das Kilogramm *le kilogramme*
das Spülmittel, - *le produit à vaisselle*
ganz *tout*
nah *près*
billig *bon marché*
Lesen Sie die Anzeige. *Lisez l'annonce.*
die Anzeige, -n *l'annonce*
Hören Sie dann den Text. *Ecoutez ensuite le texte.*
dann *ensuite*
der Text, -e *le texte*

Notieren Sie die Sonderangebote. *Notez les offres spéciales.*
das Sonderangebot, -e *l'offre spéciale*
die Kiste, -n *une caisse, un carton*
das Pfund, -e *la livre*
das Kilo = das Kilogramm *le kilo*
das Gramm *le gramme*
der Liter, - *le litre*
Schreiben Sie einen Einkaufszettel. *Ecrivez une liste d'achat.*
der Einkaufszettel, - *la liste d'achat*
Sie möchten ein Frühstück für fünf Personen machen. *Vous voulez faire un petit déjeuner pour cinq personnes.*
das Frühstück *le petit déjeuner*
Was brauchen Sie? *Qu'est-ce qu'il vous faut?*
brauchen *avoir besoin*
Sie möchten Geschirr spülen und Wäsche waschen. Was brauchen Sie? *Vous voulez faire la vaisselle et faire votre lessive. Qu'est-ce qu'il vous faut?*
die Wäsche *le linge*
Sie möchten einen Kuchen backen. Was brauchen Sie? *Vous voulez faire un gâteau. Que vous faut-il?*
backen *cuire, faire*

Seite 42

das Lexikon, Lexika *le dictionnaire*
Im Durchschnitt trinkt jeder Deutsche 190 Liter Kaffee pro Jahr. *Chaque Allemand boit en moyenne 190 litres de café par an.*
der Durchschnitt *la moyenne*
jeder *chaque*
Sehr beliebt sind auch Erfrischungsgetränke (Limonaden) und Mineralwasser. *Les boissons rafraîchissantes (les boissons gazeuses) et les eaux minérales*

sont également très aimées.
beliebt *aimé*
das Erfrischungsgetränk, -e *la boisson rafraîchissante*
die Limonade, -n *ici: les boissons gazeuses (comme Coca Cola, Fanta etc.)*
Und dann natürlich das Bier: ... *Ensuite la bière naturellement: ...*
natürlich *naturellement*
150 Liter trinken die Deutschen im Durchschnitt pro Person und Jahr. *Les Allemands en boivent en moyenne 150 litres par personne et par an.*
die / der Deutsche, -n *l'Allemand*
pro Person *par personne*
In Deutschland gibt es viele Biersorten, und sie schmecken alle verschieden. *En Allemagne, il y a beaucoup de sortes de bières et elles ont toutes un goût différent.*
es gibt *il y a*
die Biersorte, -n *la sorte de bière*
schmecken *avoir goût*
alle *tous, toutes*
verschieden *différent*
Die meisten Biertrinker haben ihre Lieblingssorte und ihre Lieblingsmarke. *La plupart des amateurs de bière ont leur sorte et leur marque préférées.*
meist- *le plus souvent, la plupart*
der Biertrinker, - *le buveur de bière*
die Lieblingssorte, -n *la sorte préférée*
die Lieblingsmarke, -n *la marque préférée*
Kennen Sie die wichtigen Biersorten und ihre Unterschiede? *Connaissez-vous les plus importantes sortes de bières et leurs différences?*
kennen *connaître*
wichtig *important*
der Unterschied, -e *la différence, la distinction*
Altbier ist dunkel und schmeckt etwas bitter. *La Alt est brune et elle a un goût amer.*
das Altbier *la Alt (bière de Düsseldorf)*
dunkel *sombre , foncé*
bitter *amer*
Berliner Weiße mischt man mit etwas Himbeer- oder Waldmeistersaft. *La Berliner Weiße se mélange avec du sirop de framboise ou d'aspérule.*
die Berliner Weiße *la Berliner Weiße*
mischen *mélanger*
der Himbeersaft *ici: le sirop de framboise*
der Waldmeistersaft *ici: le sirop d'aspérule*
Es ist dann rot oder grün. *Elle devient alors rouge ou verte.*
dann *alors*
rot *rouge*
grün *vert*
Berliner Weiße ist ein Leichtbier und schmeckt süß. *La Berliner Weiße est une bière légère et a un goût sucré.*
das Leichtbier *la bière légère*
Das Bockbier ist ein Starkbier mit 5,6% Alkohol. *La bière de mars est une bière forte avec un taux d'alcool de 5,6%.*
das Bockbier *la bière de mars*
das Starkbier *la bière forte*
fast *presque*
Normal sind 4,7%. *Un taux d'alcool de 4,7%, c'est normal.*
normal *normal*
Viele Bockbierarten schmecken leicht süß. *Beaucoup de bières fortes ont un goût légèrement sucré.*
die Bockbierart, -en *la sorte de bière forte*
leicht süß *légèrement sucré*

Export ist hell und schmeckt sehr mild.
L'export est une bière blonde au goût très léger.
das Export = das Exportbier *l'export*
hell *ici: blonde*
mild *léger, doux mais pas dans le sens de sucré*

Kölsch kommt aus dem Köln-Bonner Raum, und man trinkt es auch nur dort.
La Kölsch vient de la région Cologne-Bonn et on ne la boit que là.
der Raum, ⸚e *la région*
nur *ne ... que*
Es ist hell und leicht (nur 3,7% Alkohol).
Elle est blonde et légère (taux d'alcool seulement 3,7%).
der Alkohol *l'alcool*
Kölsch-Gläser erkennt man sofort. *On reconnaît facilement les verres à Kölsch.*
das Kölsch-Glas, ⸚er *le verre à Kölsch*
erkennen *reconnaître*
sofort *tout de suite*
Sie sind hoch und schlank. *Ils sont hauts et étroits.*
hoch *haut*
schlank *ici: étroit*
Münchener ist vor allem in Bayern beliebt. *La Münchener est surtout appréciée en Bavière.*
vor allem *surtout*
beliebt *aimé, apprécié*
Es schmeckt ähnlich wie Export, aber es ist nicht so herb und nicht so stark. *Elle a un goût semblable à l'export mais elle n'est pas aussi amère et pas aussi forte.*
nicht so herb *pas aussi amer*
herb *amer*
stark *fort*

Pils ist eine Biersorte aus der Tschechoslowakei, aber die Deutschen mögen sie besonders gern. *La Pils est une bière venant de Tchécoslovaquie, mais particulièrement appréciée des allemands.*
das Pils *la Pils*
die Tschechoslowakei *la Tchécoslovaquie*
besonders *particulièrement, spécialement*
Man bekommt es überall. *On en trouve partout.*
überall *partout*
Typische Pilsgläser haben einen Bauch und sind oben eng. *Les verres à Pils typiques sont bombés et étroits en haut.*
typisch *typique*
das Pilsglas, ⸚er *le verre à Pils*
der Bauch, ⸚e *le ventre*
oben *en haut*
eng *étroit*
Weizenbier, auch Weißbier, kommt vorwiegend aus Bayern, doch es hat auch in Nord-, West- und Ostdeutschland viele Freunde. *La Weizenbier, aussi appelée bière blanche, vient généralement de Bavière mais elle a aussi de nombreux amis dans le nord, l'ouest et l'est de l'Allemagne.*
das Weizenbier *la bière blanche*
das Weißbier *la bière blanche*
vorwiegend *généralement*
Bayern *la Bavière*
Ostdeutschland *l'Allemagne de l'Est*
Norddeutschland *l'Allemagne du Nord*
Westdeutschland *l'Allemagne de l'Ouest*
viel *beaucoup*
der Freund, -e *l'ami*
Man trinkt es gerne mit etwas Zitrone. *On la boit volontiers avec un peu de citron.*
die Zitrone, -n *le citron*

Weizenbiergläser sind sehr groß. *Les verres à bière blanche sont très grands.*
das Weizenbierglas, ¨-er *le verre à bière blanche*
groß *grand*
Sie sind unten eng und haben oben einen Bauch. *Ils sont étroits en bas et bombés vers le haut.*
unten *en bas*

Seite 43

Welche Bilder passen zu welchen Biersorten? *A quelle bière correspond quelle photo?*
welcher? welche? welches? *Quel? Quelle?*

Seite 44

das Würstchen, - *la saucisse (de Francfort)*
der Sekt *le vin mousseux*
Was haben Sie denn überhaupt? *Qu'est-ce que vous avez au juste?*
überhaupt *au juste, donc*

Lektion 4

Seite 45

surfen *faire de la planche à voile*
Volleyball spielen *jouer au volley-ball*
der Volleyball *le ballon de volley*
schlafen *dormir*
faulenzen *fainéanter*
fotografieren *photographier*
schwimmen *nager*
eine Bar besuchen *aller à un night-club*
die Bar, -s *le bar*
besuchen *rendre visite*
tanzen *danser*
das Café, -s *le café*
rauchen *fumer*
Tennis spielen *jouer au tennis*
das Tennis *le tennis*
Musik hören *écouter de la musique*
die Musik *la musique*
hören *écouter*
Musik machen *faire de la musique*

Seite 47

das Deck, -s *le pont*
das Schwimmbad, ¨-er *la piscine*
die Bibliothek, -en *la bibliothèque*
der Friseur, -e *le coiffeur*
das Geschäft, -e *le magasin*
die Bank, -en *la banque*
die Küche, -n *la cuisine*
das Krankenhaus, ¨-er *l'hôpital*
das Kino, -s *le cinéma*
die Maschine, -n *la machine*
Wo kann man …? *Où peut-on …?*
wo? *où?*
können *pouvoir*
Auf Deck … kann man einen Film sehen. *Sur le pont … on peut regarder un film.*
auf *sur*
der Film *le film, -e*
sehen *regarder, voir*
hören *écouter*
das Tischtennis *le ping-pong*
Geld tauschen *changer de l'argent*
das Geld *l'argent*
tauschen *changer*
einen Spaziergang machen *faire une promenade*
der Spaziergang, ¨-e *la promenade*
Was machen die Passagiere? *Que font les passagers?*
der Passagier, -e *le passager*

21

Auf Deck … liest jemand ein Buch. *Sur le pont … quelqu'un lit un livre.*
jemand *quelqu'un*
das Buch, ¨er *le livre*
ein Sonnenbad nehmen *prendre un bain de soleil*
flirten *flirter*
frühstücken *prendre le petit déjeuner*
aufstehen *se lever*
fernsehen *regarder la télévision*
Auf Deck … bedient ein Kellner einen Gast. *Sur le pont … un garçon sert un hôte.*
bedienen *servir*
der Kellner, - *le garçon (de café)*
der Gast, ¨e *l'hôte, le consommateur*
… schneidet ein Koch Fleisch. *… un cuisinier coupe de la viande.*
schneiden *couper*
der Koch, ¨e *le cuisinier*
… spielt ein Pianist Klavier. *… un pianiste joue.*
der Pianist, -en *le pianiste*
… kontrolliert ein Mechaniker die Maschine. *… un mécanicien contrôle les machines.*
kontrollieren *contrôler*
… backt ein Bäcker eine Torte. *… un boulanger fait une tarte.*
backen *faire, cuire*
der Bäcker, - *le boulanger*
die Torte, -n *la tarte*
… massiert ein Masseur jemanden. *… un masseur masse quelqu'un.*
massieren *masser*
der Masseur, -e *le masseur*
… frisiert eine Friseurin jemanden … *une coiffeuse coiffe quelqu'un …*
die Friseurin, -nen *la coiffeuse*
frisieren *coiffer*

Seite 48

Was muß man? *Que doit-on faire?*
müssen *devoir*
Was darf man nicht? *Que n'a-t-on pas le droit de faire?*
dürfen *avoir le droit de, pouvoir*
Bitte leise sprechen! *Prière de parler à voix basse.*
leise *bas*
Hier kann man Bücher lesen. *Ici on peut lire des livres.*
Hier muß man leise sprechen. *Ici on doit parler à voix basse.*
Dusche obligatorisch! *Douche obligatoire!*
die Dusche, -n *la douche*
obligatorisch *obligatoire*
Bitte keine Getränke mitbringen. *Prière de ne pas apporter de boissons*
mitbringen *apporter*
der Duty-Free-Shop, -s *la boutique hors taxes*
die Boutique, -n *la boutique*
Heute geschlossen *fermé aujourd'hui*
geschlossen *fermé*
Rauchen verboten! *Interdit de fumer*
verboten *interdire*
Bitte nicht stören. *Prière de ne pas déranger*
stören *déranger*
das Arztzimmer *la salle de consultation*
der Maschinenraum, ¨e *la salle des machines*
der Eintritt *l'entrée*
duschen *prendre une douche*
einkaufen *faire des achats*
eintreten *entrer*
Geld ausgeben *dépenser de l'argent*
Zeichnen Sie selbst Schilder: *Dessinez vous-mêmes des panneaux:*
zeichnen *dessiner*

selbst: Sie selbst *vous-mêmes*
das Schild, -er *le panneau*

Seite 49

Erkennen Sie die Situation? *Reconnaissez-vous la situation?*
erkennen *reconnaître*
die Situation, -en *la situation*
Hören Sie gut zu! *Ecoutez attentivement!*
zuhören *écouter*
Jemand macht eine Flasche Wein auf. *Quelqu'un débouche une bouteille de vin.*
aufmachen *ouvrir*
Ordnen Sie die Sätze und spielen Sie den Dialog. *Classez les phrases et jouez le dialogue.*
ordnen *classer*
der Satz, ⸚e *la phrase*
Hören Sie die Kassette und vergleichen Sie. *Ecoutez la cassette et comparez.*
vergleichen *comparer*
Ich rauche eine Zigarette. *Je fume une cigarette.*
die Zigarette, -n *la cigarette*
Na gut, dann höre ich eben auf. *Ah bon, alors j'arrête.*
Na gut! *Ah bon!*
aufhören *arrêter*
eben *donc*
Warum nicht? *Pourquoi pas?*
warum? *pourquoi?*

Seite 50

die Freizeit *les loisirs*
die Arbeit, -en *le travail*
träumen *rêver*
die Zeitung, -en *le journal*
vorbereiten *préparer*
aufräumen *débarrasser*
die Krankenschwester, -n *l'infirmière*
Betten machen *faire les lits*
das Fieber *la fièvre*
messen *mesurer*
bringen *apporter*
Um ... Uhr. *A ... heures.*
Beschreiben Sie: ... *Décrivez: ...*
beschreiben *décrire*

Seite 51

zu Mittag essen *déjeuner*
der Mittag *le midi*
das Kleid, -er *la robe*
anziehen *mettre un vêtement, s'habiller*
das Mittagessen, - *le déjeuner*
der Abend, -e *le soir*
zu Abend essen *dîner*
die Bestellung, -en *la commande*
aufschreiben *écrire, noter*
das Essen, - *le repas*
holen *aller chercher*
der Freund, -e *l'ami*
treffen *rencontrer*
Pause machen *faire sa pause*
die Pause, -n *la pause*
einen Verband machen *faire un pansement*
der Verband, ⸚e *le pansement, le bandage*
Um sechs Uhr schläft Ilona Zöllner noch. *A six heures I. Z. dort encore.*
noch *encore*
Um ... Uhr macht sie Betten. *A ... heures elle fait les lits.*
Betten machen *faire les lits*
Was meinen Sie? *Que pensez-vous?*
meinen *penser*
Was kann Willi Rose zwischen drei Uhr und halb sieben machen? *Que peut fai-*

re W. R. entre trois heures et six heures et demie?
zwischen entre
halb sieben six heures et demie

Seite 52

der Veranstaltungskalender, - le programme des festivités
Mittwoch, der 10. Juli Mercredi, le 10 juillet
der Mittwoch le mercredi
Was ist heute los? Quel est le programme d'aujourd'hui?
los sein se passer qc
Morgengymnastik mit Carla Gymnastique matinale avec Carla
die Morgengymnastik la gymnastique du matin
der Vortrag, ⁻e la conférence
der Mensch, -en l'homme (l'être humain)

das Meer, -e la mer
der Fotokurs, -e le cours de photographie
die Mannschaft, -en l'équipe
gegen contre
der Passagier, -e le passager
der Tanz, ⁻e la danse
das Tennisspiel, -e le match de tennis
das Finale la finale
12 Uhr mittags film: »le train sifflera 3 fois«
Das große Gala-Dinner – Der Kapitän lädt ein Grand dîner gala - Le capitaine vous invite
der Kapitän, -e le capitaine
einladen inviter
das Piano, -s le piano
das Konzert, -e le concert
das Tanzorchester, - l'orchestre de danse
die Diskothek, -en la discothèque

bis jusqu'à
geöffnet ouvert
von … bis de … à
Achtung! Attention!
Nicht vergessen: … N'oubliez pas: …..
vergessen oublier
Morgen um 10.00 Uhr findet der Landausflug nach Kreta statt! Demain à dix heures a lieu l'excursion en Crête!
morgen demain
der Landausflug, ⁻e l'excursion à terre
nach à
stattfinden avoir lieu
wie lange? ça dure combien de temps?
Wann fängt die Gymnastik an? A quelle heure commence la gymnastique?
die Gymnastik la gymnastique
anfangen commencer

Seite 53

Wie spät ist es? Quelle heure est-il?
Lesen Sie erst die Uhrzeit. Lisez d'abord l'heure.
erst d'abord
die Uhrzeit, -en l'heure
Viertel nach zwölf midi et quart
das Viertel, - le quart
fünf nach halb drei quatorze heures trente-cinq
die Mitternacht minuit
Sag mal, hast du heute abend schon was vor? Dis-moi, as-tu déjà prévu qc pour ce soir?
vorhaben avoir l'intention de faire qc
Nein, ich weiß noch nicht … Non, je ne sais pas encore …
wissen savoir
Darf ich mitkommen? Puis-je venir avec toi?
mitkommen venir avec qn

Tut mir leid, aber ich habe keine Lust. *Je regrette, mais je n'en ai pas envie.*
leid tun *ici: regretter, être désolé*
Lust haben *avoir envie*
Schön. Dann treffen wir uns um neun. *Bon, alors on se rencontre à neuf heures.*
treffen *se rencontrer*
schade *dommage*
in Ordnung *ici: c'est entendu!*
Vielleicht das nächste Mal. *La prochaine fois peut-être.*
das Mal, -e *la fois*
nächst- *prochain*
Gut. Bis dann! *D'accord, à plus tard!*
Bis dann! *A plus tard!*
Na gut, also dann tschüß. *Bon, eh bien, salut!*
na gut *bon*
also *eh bien, alors*
tschüß! *salut*
die Partnerübung, -en *exercices par deux*
heute abend *ce soir*
Wann fängt das denn an? *A quelle heure est-ce que ça commence?*
morgen früh *demain matin*
Hast du heute abend Zeit? *Es-tu libre ce soir?*
heute nachmittag *cet après-midi*

Seite 54

der Terminkalender, - *l'agenda*
der Montag *le lundi*
der Dienstag *le mardi*
der Deutschkurs, -e *le cours d'allemand*
das Fernsehen *la télévision*
der Donnerstag *le jeudi*
der Freitag *le vendredi*
die Wohnung, -en *l'appartement*
der Sonnabend *le samedi*
der Sonntag *le dimanche*
Montag abend *lundi soir*
Dienstag nachmittag *mardi après-midi*
leider *ici: je regrette*
Da möchte ich mit Bernd ... *parce que j'aimerais aller ... avec Bernd*
da *parce que*
Manfred hat nie Zeit. *Manfred n'a jamais le temps.*
nie *jamais*
der Juli *juillet, le mois de juillet*
frei haben *avoir congé*
das Rockkonzert, -e *le concert de rock*
Hören Sie den Dialog noch einmal und sehen Sie Manfreds Terminkalender an. *Ecoutez le dialogue encore une fois et regardez l'agenda de Manfred.*
Manfreds Terminkalender *l'agenda de Manfred*

Seite 55

Liebe Ulla, *Chère Ulla,*
lieb *cher*
Die Zeit hier in Spanien ist herrlich! *Notre séjour ici en Espagne est magnifique.*
herrlich *magnifique, superbe*
Ich stehe immer gegen neun Uhr auf und frühstücke in Ruhe. *Je me lève toujours aux environs de neuf heures et je déjeune tranquillement.*
immer *toujours*
gegen neun Uhr *aux environs de neuf heures*
Nachmittags gehe ich meistens surfen *L'après-midi je vais généralement faire de la planche à voile.*
meistens *généralement, le plus souvent*
Dann treffe ich fast immer Jörg. *Alors, je rencontre presque toujours Jörg.*

fast immer *presque toujours*
nett *gentil, charmant*
Morgen mache ich mit Jörg einen Ausflug nach Granada. *Demain je vais faire une excursion à Grenade avec Jörg.*
der Ausflug, ⸚e *l'excursion*
nach Granada *à Grenade*
herzliche Grüße *Salutations sincères*
der Gruß, ⸚e *les salutations*
Schreiben Sie eine Ansichtskarte. *Ecrivez une carte postale.*
die Ansichtskarte, -n *la carte postale*
spazierengehen *aller se promener*
radfahren *faire de la bicyclette*
Ski fahren *faire du ski*
Tennis spielen *jouer au tennis*
feiern *fêter (p. ex. un anniversaire)*

Seite 56

Ich schlage vor, wir gehen mal ins Kino. *Je propose que nous allions au cinéma.*
vorschlagen *proposer*
mal *mot ne se traduisant pas dans cette phrase.*
das Theater, - *le théâtre*
das Kabarett, -s *le cabaret*
offen gesagt *à dire vrai, franchement*
Ach, weißt du was: wir bleiben heute mal zu Hause. *Ah! tu sais quoi: aujourd'hui nous restons à la maison.*
Weißt du was? *Tu sais quoi?*
zu Hause bleiben *rester à la maison*
bleiben *rester*
Das kostet wenigstens nichts. *Ça au moins, ça ne coûte rien.*
wenigstens *au moins*
nichts *rien*
der Sport *le sport*
das Yoga *le yoga*
die Politik *la politique*

der Fehler, - *la faute, l'erreur*
die Dummheit, -en *la sottise, la bêtise*
der Quatsch *le non-sens, la bêtise*

Lektion 5

Seite 57

die Speisekammer, -n *le garde-manger*
das Kinderzimmer, - *la chambre d'enfant*
das Bad, ⸚er *la salle de bains*
das Schlafzimmer, - *la chambre à coucher*
der Balkon, -s *le balcon*
das Treppenhaus, ⸚er *la cage d'escalier*
der Flur, -e *l'entrée*
das Wohnzimmer, - *la salle de séjour*
die Terrasse, -n *la terrasse*
der Hobbyraum, ⸚e *la pièce de bricolage*
der Keller, - *la cave*

Seite 58

Er ist Bankkaufmann von Beruf. *Il est employé de banque diplômé.*
der Bankkaufmann, Bankkaufleute *l'employé de banque diplômé*
Aber in zwei Wochen zieht er um. *Mais il va déménager dans deux semaines.*
in zwei Wochen *dans deux semaines*
die Woche, -n *la semaine*
umziehen *déménager*
Das Schlafzimmer und die Küche sind ziemlich klein *La chambre à coucher et la cuisine sont assez petites.*
ziemlich *assez*
Das Bad ist alt und hat kein Fenster. *La salle de bains est vieille et n'a pas de fenêtre.*
das Fenster, - *la fenêtre*

Aber das Wohnzimmer ist sehr schön und hell. *Cependant la salle de séjour est très belle et très claire.*
schön *beau, joli*
Es hat sogar einen Balkon. *Elle (la salle de séjour) a même un balcon.*
sogar *même*
Michael Wächter ist zufrieden. *M. W. est satisfait.*
zufrieden sein *être satisfait, être content*
zufrieden *satisfait, content*
Was glauben Sie? *Que pensez-vous?*
glauben *croire, penser*
das Zimmer, - *la pièce*
die Nummer, -n *le numéro*
das Gästezimmer, - *la chambre d'amis*
das Arbeitszimmer, - *le bureau*
baden *prendre son bain*

Seite 59

der Kleiderschrank, ¨-e *la garde-robe*
der Sessel, - *le fauteuil*
die Kommode, -n *la commode*
das Bücherregal, -e *l'étagère à livres*
der Teppich, -e *le tapis*
der Spiegel, - *le miroir*
der Schreibtisch, -e *le bureau*
der Eßtisch, -e *la table de salle à manger*
die Garderobe, -n *le vestiaire*
der Vorhang, ¨-e *le rideau*
für *pour*
Was braucht Michael Wächter noch? *De quoi M. W. a-t-il encore besoin?*
was ... noch? *De quoi ... encore?*
Was hat er schon? *Qu'a-t-il déjà?*
schon *déjà*
Er braucht keine Regale. Er hat schon welche *Il n'a pas besoin d'étagères. Il en a déjà.*
welche: er hat welche *Il en a*

Seite 60

Schau mal, hier sind Eßtische. *Regarde, voici des tables de salle à manger.*
schauen *regarder*
Wie findest du den hier? *Comment trouves-tu celle-là?*
finden *trouver*
Meinst du den da? *Tu veux dire celle-là?*
meinen *vouloir dire*
Der ist zu groß. *Elle est trop grande.*
zu groß *trop grand*
Die sieht gut aus. *Elle est très belle.*
aussehen *avoir l'air*
der Definitartikel, - *l'article défini*
das Definitpronomen, - *le pronom défini*
Den finde ich häßlich. *Je la trouve laide.*
häßlich *laid, affreux*
unpraktisch *peu pratique*
teuer *cher*
Die mag ich. *Elle me plaît.*

Seite 61

Guck mal, hier gibt es Vorhänge. *Regarde, ici il y a des rideaux.*
gucken *regarder*
Meine Mutter mag Kinder gern. *Ma mère aime bien les enfants.*
die Mutter, ¨ *la mère*
Zu Hause darf ich keine Musik hören. *A la maison je n'ai pas le droit d'écouter de la musique.*
zu Hause *à la maison*
Jetzt bin ich sehr glücklich. *Maintenant je suis très heureux.*
glücklich *heureux*
frei *libre*
Ich will jetzt mein Leben leben. *Maintenant je veux vivre ma vie.*
das Leben *la vie*

Ich möchte nicht mehr zu Hause leben.
Je n'ai plus envie de vivre chez mes parents.
nicht mehr *ne ... plus*

Seite 62

der Wohnungsmarkt, ¨e *le marché immobilier*
das Reihenhaus, ¨er *la maison mitoyenne*
4 Zi. = 4 Zimmer *4 pièces*
das Gäste-WC, -s *les W.-C. pour les invités*
die Sauna, Saunen *le sauna*
der Garten, ¨ *le jardin*
die Garage, -n *le garage*
die Miete, -n *le loyer*
ab *à partir du*
die Immobilie, -n *le bien immobilier*
ruhig *calme, tranquille*
in der Stadt *en ville*
die Fußbodenheizung, -en *le chauffage par le sol*
das Traumhaus, ¨er *la maison de rêve*
die Wohnküche, -n *la cuisine (dans laquelle on peut prendre les repas)*
das WC, -s *les W.-C.*
der Mietvertrag, ¨e *le bail*
fest *ferme*
der Bungalow, -s *le pavillon*
einziehen *emménager*
der Luxus *le luxe*
der Komfort *le confort*
m² = der Quadratmeter, - *le mètre carré*
anrufen *appeler (par téléphone)*
die Dachterrasse, -n *la terrasse*
von: 15 km von *à 15 km de*
willkommen *bienvenue*
die Tiefgarage, -n *le garage souterrain*
der Aufzug, ¨e *l'ascenseur*
der Stock, -werke *l'étage*

verdienen *gagner*
der Hausmeister, - *le concierge*
frei *libre*
das Erdgeschoß, -e *le rez-de-chaussée*
die Toilette, -n *les W.-C.*
pro Woche *par semaine*
die Woche, -n *la semaine*
die Stunde, -n *l'heure*
die Hausmeisterarbeit, -en *les travaux du concierge*
privat *privé*
die Dachwohnung, -en *le logement mansardé*
das Ehepaar, -e *le couple, les époux*
ohne *sans*
das Duschbad, ¨er *la salle de bains avec douche*
nach *(temporal)* *après*
Ergänzen Sie die Tabelle. *Complétez le tableau.*
die Tabelle, -n *le tableau*
Was für Räume? *Qu'est-ce qu'il y a comme pièces?*
Das Haus liegt in Frankfurt-Eschersheim. *La maison se trouve à Francfort-Eschersheim.*
Das Haus ist 126 Quadratmeter groß. *La maison a 126 m².*
der Quadratmeter, - *le mètre carré*

Seite 63

das Familieneinkommen, - *le revenu familial*
Die Wohnung ist nicht schlecht, und sie kostet nur 798 Mark. *Le logement n'est pas mal et il ne coûte que 798 mark.*
schlecht *mauvais*
Die Verkehrsverbindungen von Steinheim nach Frankfurt sind sehr schlecht. *Les*

liaisons de Steinheim à Francfort sont très mauvaises.
die Verkehrsverbindungen *(Plural)* *les liaisons (de transport)*
Morgens und nachmittags muß ich über eine Stunde fahren. *Le matin et l'après-midi je mets plus d'une heure.*
über eine Stunde *plus d'une heure*
Trotzdem – wir suchen weiter. Vielleicht haben wir ja Glück. *Malgré cela nous continuons à chercher. Nous aurons peut-être de la chance.*
trotzdem *malgré cela, tout de même*
weitersuchen *continuer à chercher*
das Glück *la chance*
Sie liegt sehr günstig *Il (le logement) est très bien situé.*
günstig *bien situé*
Wir bezahlen 1.730 Mark kalt. *Nous payons 1.730 mark sans les charges.*
kalt: Gegenteil warm *sans les charges <=> charges comprises*
Ein Haus mit Garten ist unser Traum. *Notre rêve, c'est une maison avec jardin.*
der Traum, ¨-e *le rêve*
Und die sind fast immer sehr teuer und liegen auch meistens außerhalb. *Et elles sont souvent très chères et de plus, sont la plupart du temps situées à l'extérieur.*
außerhalb *en dehors, à l'extérieur*
Mein Mann und ich, wir arbeiten beide in Frankfurt, und wir wollen hier auch wohnen. *Mon mari et moi, nous travaillons tous les deux à Francfort et nous voulons aussi y habiter.*
beide *tous les deux*
wollen *vouloir*
auch *aussi*
Eigentlich möchten wir gerne bauen, aber ... *En fait nous aimerions bien faire construire mais ...*
eigentlich *en fait, en réalité, en vérité*
bauen *construire*
In Frankfurt kann das niemand bezahlen. *A Francfort les prix sont inabordables.*
niemand *personne*
Frau Wiegand ist Arzthelferin. *Mme W. est assistante médicale.*
die Arzthelferin, -nen *l'assistante médicale*
Suchen Sie eine Wohnung für Familie Höpke. *Cherchez un logement pour la famille H.*
die Familie, -n *la famille*
Welches Haus möchten Herr und Frau Wiegand anschauen? *Quelle est la maison que M. et Mme W. aimeraient visiter?*
anschauen *regarder*
die Traumwohnung, -en *le logement de rêve*

Seite 64

der Streit *le conflit*
Wir informieren Sie über wichtige Gerichtsurteile. *Nous vous informons sur des arrêts importants.*
informieren *informer*
wichtig *important*
das Gerichtsurteil, -e *le jugement, l'arrêt*
Vögel darf man auf dem Fensterbrett füttern. *Il est permis de nourrir les oiseaux sur le rebord de la fenêtre.*
der Vogel, ¨ *l'oiseau*
das Fensterbrett, -er *le rebord de la fenêtre*
füttern *nourrir (pour les animaux)*
Aber keine Tauben, die machen zuviel Dreck. *Mais pas les pigeons, ils font*

trop de saletés.
die Taube, -n *le pigeon*
der Dreck *la saleté*
An der Außenwand oder am Fenster dürfen Sie keine Politparolen aufhängen. *Il est interdit d'accrocher des slogans politiques sur les murs extérieurs ou aux fenêtres.*
die Außenwand, ¨-e *le mur extérieur*
die Politparole, -n *le slogan politique*
aufhängen *accrocher, pendre*
Von 13.00 bis 15.00 Uhr und von 22.00 Uhr bis 8.00 Uhr dürfen Sie im Haus keinen Krach machen, und auch nicht draußen im Hof oder im Garten. *De 13 h à 15 h et de 22 h à 8 h il est interdit de faire du bruit dans la maison de même que dans la cour et le jardin.*
der Krach *le bruit, le vacarme*
draußen *dehors*
der Hof, ¨-e *la cour*
Aber man darf die Nachbarn nicht zu sehr stören. *Mais on ne doit pas trop déranger les voisins.*
der Nachbar, -n *le voisin*
Ihr Partner oder Ihre Partnerin darf in Ihrer Wohnung oder in ihrem Appartement wohnen. *Votre partenaire a le droit d'habiter dans votre appartement ou dans votre studio.*
die Partnerin, -nen *la partenaire*
der Partner, - *le partenaire*
das Appartement, -s *le studio*
Man muß den Vermieter nicht fragen. *Il n'y a pas besoin de demander l'autorisation au loueur.*
der Vermieter, - *le loueur*
Er kann es nicht verbieten. *Il (le loueur) ne peut pas l'interdire.*
verbieten *interdire*
In einer Mietwohnung darf man ohne Erlaubnis kein Geschäft betreiben und keine Waren herstellen. *Dans un appartement loué on ne peut pas se livrer à des activités commerciales ou de production sans autorisation.*
die Mietwohnung, -en *le logement loué*
die Erlaubnis *l'autorisation*
das Geschäft, -e *l'affaire*
betreiben *se livrer à, mener*
die Ware, -n *la marchandise*
herstellen *fabriquer, produire*
Verbietet Ihr Mietvertrag Haustiere? *Les animaux domestiques sont interdits dans votre bail?*
der Mietvertrag, ¨-e *le contrat de location, le bail*
das Haustier, -e *l'animal domestique*
Auf dem Balkon oder auf der Terrasse dürfen Sie grillen, aber Sie dürfen Ihre Nachbarn nicht stören. *Sur le balcon ou sur la terrasse vous pouvez faire des grillades mais sans déranger vos voisins.*
grillen *faire des grillades, faire des barbecues*
Ohne Erlaubnis dürfen Sie auf dem Dach oder am Schornstein keine Antenne montieren. *Vous n'avez pas le droit de monter une antenne sur le toit ou sur la cheminée sans autorisation.*
das Dach, ¨-er *le toit*
auf dem Dach *sur le toit*
der Schornstein, -e *la cheminée*
am Schornstein *sur la cheminée*
die Antenne, -n *l'antenne*
montieren *monter*
Sie müssen vorher Ihren Vermieter fragen. *Avant il faut demander au loueur.*
vorher *avant*
nachts *la nuit*

Seite 65

Welche Bilder und welche Urteile passen zusammen? *Quelle image correspond à quel arrêt?*
das Urteil, -e *l'arrêt, le jugement*
zusammenpassen *s'accorder, aller ensemble*
der Dativ *le datif*
auf meiner Terrasse *sur ma terrasse*
der Hausflur, -e *le vestibule*

Seite 66

Haben Sie Ärger mit Nachbarn? *Avez-vous des ennuis avec les voisins?*
der Ärger *l'ennui, l'embêtement*
das Mietshaus, ¨-er *la maison de rapport*
das Hochhaus, ¨-er *l'immeuble très haut*
das Studentenheim, -e *la cité universitaire*
Meine Kinder sind noch klein, und natürlich machen sie auch Lärm. *Mes enfants sont encore petits et naturellement ils font aussi du bruit.*
der Lärm *le bruit*
Ja, manchmal gibt es Ärger, aber dann diskutieren wir das Problem. *Oui, parfois il y a des ennuis, dans ce cas on discute du problème.*
diskutieren *discuter*
Am Ende ist immer alles okay. *Tout finit par s'arranger.*
das Ende, -n *la fin*
okay *d'accord*
Liebe Helga, ... *Chère Helga, ...*
Endlich habe ich Zeit für eine Karte. *J'ai enfin le temps de t'écrire une carte.*
endlich *enfin*
Seit 6 Wochen haben wir ein Haus! *Depuis six semaines nous avons une maison.*
seit 6 Wochen *depuis six semaines*
Endlich haben wir genug Platz. *Nous avons enfin assez de place.*
Platz haben *avoir de la place*
Komm doch bald mal nach Solingen. *Viens donc faire un tour à Solingen.*
bald *bientôt*
Herzliche Grüße *Salutations sincères*
herzlich *cordial, sincère*

Seite 67

das Strandhotel, -s *l'hôtel de la plage*
Urlaub auf der Ostseeinsel Hiddensee ist ein Erlebnis. *Les vacances sur l'île de Hiddensee, dans la mer Baltique, sont une sensation.*
der Urlaub, -e *les vacances*
die Ostseeinsel, -n *l'île de la mer Baltique*
das Erlebnis, -se *la sensation*
Es gibt keine Industrie, und Autos dürfen auf der Insel nicht fahren, denn Hiddensee ist ein Naturschutzgebiet. *Il n'y a pas d'industrie et les voitures n'ont pas le droit de rouler dans l'île car Hiddensee est une réserve naturelle.*
die Industrie, -n *l'industrie*
die Insel, -n *l'île*
das Naturschutzgebiet, -e *la réserve naturelle*
Die Strände sind sauber, die Wiesen und Wälder sind noch nicht zerstört. *Les plages sont propres, les prairies et les forêts ne sont pas encore détruites.*
der Strand, ¨-e *la plage*
sauber *propre*
die Wiese, -n *la prairie*
der Wald, ¨-er *la forêt*
zerstört *détruit*
Hier finden Sie Ruhe und Erholung. *Ici*

vous trouvez le calme et le repos.
die Erholung *le repos*
Ruhe finden *trouver le calme*
Ein Erlebnis ist auch unser Strandhotel.
Notre hôtel de la plage est aussi sensationnel.
unser *notre*
Es liegt direkt am Strand und bietet viel Komfort. *Il est situé directement sur la plage et offre beaucoup de confort.*
direkt *directement*
bieten *offrir*
das Hallenbad, ⁻er *la piscine couverte*
der Privatstrand, ⁻e *la plage privée*
der Leseraum, ⁻e *la salle de lecture*
das Fernsehzimmer, - *la salle de télévision*
1. Stock: ... *1er étage : ...*
der Stock, -werke *l'étage*
das Frühstückszimmer, - *la salle pour le petit déjeuner*
die Rezeption *la réception*
die Telefonzelle, -n *la cabine téléphonique*
der Kiosk, -e *le kiosque*
das Reisebüro, -s *l'agence de voyages*
ein Zimmer buchen *réserver une chambre*
buchen *réserver*
in der Sonne liegen *être allongé au soleil*
die Sonne *le soleil*
einen Mietwagen leihen *louer une voiture*
der Mietwagen, - *la voiture de location*
leihen *louer*
einen Ausflug buchen *réserver une excursion*
Touristeninformationen bekommen *obtenir des informations touristiques*
die Touristeninformation, -en *l'information touristique*

bekommen *obtenir*
flirten *flirter*

Seite 68

alternativ *ici: autrement*
Herr Peißenberg zeigt seinen Gästen die neue Wohnung. *M. P. montre son nouveau logement à ses invités.*
zeigen *montrer*
Wie interessant! *C'est intéressant!*
Was? – Sie kochen wirklich im Schlafzimmer? *Quoi? Vous faites vraiment la cuisine dans la chambre à coucher?*
wirklich *vraiment*
Und das hier, das ist wohl das Bad? *Et ça, c'est sans doute la salle de bains?*
wohl *ici: sans doute*
Ja. Wir finden das sehr gemütlich. *Oui, nous trouvons cela très confortable.*
gemütlich *confortable, agréable*
Wissen Sie, wir leben nun mal alternativ. *Vous savez, c'est comme çà, nous avons un mode de vie autre.*
nun mal *c'est comme çà (constatation d'un fait)*
O Gott! *Mon Dieu!*
Auf Wiedersehen! *Au revoir.*
Vielen Dank! *Merci beaucoup.*

Lektion 6

Seite 69

Was tun Sie für Ihre Gesundheit? *Que faites-vous pour votre santé?*
tun für *faire pour*
Ist Liebe die beste Medizin? *L'amour est-il le meilleur remède?*

die Liebe *l'amour*
die beste Medizin *le meilleur remède*
3 x täglich (dreimal täglich) *trois fois par jour*
täglich *quotidiennement*
Die Stirne kühl, die Füße warm, das macht den reichsten Doktor arm. *La tête au frais, les pieds au chaud voilà qui appauvrit le plus riche des médecins.*
die Stirn, -en *oder* die Stirne, -n *le front*
kühl *frais*
der Fuß, ⸚e *le pied*
reich *riche*
der Doktor, -en *le médecin*
arm *pauvre*
Arzt für Allgemeinmedizin *le médecin généraliste*
der Arzt, ⸚e *le médecin*
die Allgemeinmedizin *la médecine générale*
Sprechst.: Mo. Di. Mi. Fr. 8-11 u. 17-18.30 Uhr *Consultations: L. Ma. Me. V. de 8h à 11h et de 17h à 18h30*
Sprechst. = die Sprechstunde, -n *les heures de consultation*
Donnerstags keine Sprechst. *Le jeudi pas de consultation.*
donnerstags *jeudi*
Besser reich und gesund als arm und krank. *Il vaut mieux être riche et bien portant que pauvre et malade.*
gesund *sain, en bonne santé*
krank *malade*
Gesundheit ist das höchste Gut. *La santé c'est le plus grand bien.*
die Gesundheit *la santé*
höchste → hoch *le plus haut* → *haut*
das Gut, ⸚er *le bien*

Seite 70

die Hand, ⸚e *la main*
der Kopf, ⸚e *la tête*
der Arm, -e *le bras*
das Auge, -n *l'œil*
die Nase, -n *le nez*
der Mund, ⸚er *la bouche*
der Busen *le sein*
der Bauch, ⸚e *le ventre*
das Bein, -e *la jambe*
der Fuß, ⸚e *le pied*
der Finger, - *le doigt*
das Ohr, -en *l'oreille*
das Gesicht, -er *le visage*
der Zahn, ⸚e *la dent*
der Hals, ⸚e *le cou*
die Brust, ⸚e *la poitrine*
der Rücken, - *le dos*
das Knie, - *le genou*
der Zeh, -en *l'orteil*
Frau Bartels hat jeden Tag eine Krankheit. *Mme Bartels est tous les jours malade.*
die Krankheit, -en *la maladie*
Montag kann sie nicht arbeiten, ihr Hals tut weh. *Lundi elle ne peut pas travailler, elle a mal à la gorge.*
weh tun *faire mal*
Auto fahren *aller en voiture*
radfahren *aller à bicyclette*
der Fußball, ⸚e *le football*
gehen können *pouvoir marcher*

Seite 71

Er hat Zahnschmerzen. *Il a mal aux dents.*
die Zahnschmerzen *(Plural) le mal de dents*
die Kopfschmerzen *(Plural) le mal de tête*

die Bauchschmerzen *(Plural)* *le mal de ventre*
Er ist erkältet. *Il est enrhumé.*
erkältet sein *être enrhumé*
Er hat Grippe. *Il a la grippe.*
die Grippe *la grippe*
Sie hat Fieber. *Elle a de la fièvre.*
Fieber haben *avoir de la fièvre*
der Durchfall *la diarrhée*
Hören Sie die Gespräche und kreuzen Sie an. *Ecoutez les conversations et cochez les bonnes réponses.*
ankreuzen *cocher*
der Schnupfen *le rhume*
der Husten *la toux*
... nimmt Hustenbonbons. *... il/elle prend des pastilles contre la toux.*
der *oder* das Bonbon, -s *la pastille, le bonbon*
Wer bekommt diesen Rat? *Qui reçoit ce conseil?*
der Rat, Ratschläge *le conseil*
Bleiben Sie im Bett. *Restez au lit.*
bleiben *rester*
Nimm eine Tablette. *Prends un comprimé.*
die Tablette, -n *le comprimé*

Seite 72

Leser fragen – Dr. Braun antwortet *Les lecteurs posent des questions – Le docteur Braun répond*
Dr. Braun („Doktor Braun") *Docteur Braun*
Dr. med. C. Braun beantwortet Leserfragen über das Thema Gesundheit und Krankheit. *Le docteur C. Braun répond aux questions des lecteurs sur le thème santé et maladie.*
beantworten *répondre*
die Leserfrage, -n *la question du lecteur*
über *sur*
das Thema, Themen *le thème, le sujet*
Schreiben Sie an das Gesundheitsmagazin. *Ecrivez au magazine de santé.*
das Gesundheitsmagazin, -e *le magazine de santé*
Ihre Frage kann auch für andere Leser wichtig sein. *Votre question peut aussi présenter un intérêt pour d'autres lecteurs.*
die Frage, -n *la question*
andere Leser *d'autres lecteurs*
der Leser, - *le lecteur*
wichtig *important*
Sehr geehrter Herr Dr. Braun, ... *Docteur, ...*
Sehr geehrter Herr ... *Monsieur, ...*
Sehr geehrte Frau ... *Madame, ...*
Mein Magen tut immer so weh. *J'ai toujours très mal à l'estomac.*
der Magen, - *l'estomac*
Ich bin auch sehr nervös und kann nicht schlafen. *Je suis aussi très nerveux et je ne peux pas dormir.*
nervös *nerveux*
Er sagt nur, ich soll nicht soviel arbeiten. *Il dit seulement que je ne dois pas tant travailler.*
sollen *devoir (venant d'une autorité extérieure)*
soviel *tant*
Aber das ist unmöglich. *Mais cela est impossible.*
unmöglich *impossible*
Ihre Schmerzen können sehr gefährlich sein. *Vos douleurs peuvent être très dangereuses.*
gefährlich *dangereux*
Da kann ich leider keinen Rat geben. *Malheureusement, je ne peux pas vous*

donner de conseil.
einen Rat geben *donner un conseil*
Sie müssen unbedingt zum Arzt gehen. *Il faut absolument que vous alliez voir un médecin.*
unbedingt *à tout prix*
Warten Sie nicht zu lange! *N'attendez pas trop longtemps!*
lange *longtemps*
Ich habe oft Halsschmerzen, und dann bekomme ich immer Penizillin. *J'ai souvent mal à la gorge et on me donne de la pénicilline.*
die Halsschmerzen *(Plural)* *le mal de gorge*
das Penizillin *la pénicilline*
Sie wollen keine Antibiotika nehmen, das verstehe ich. *Vous ne voulez pas prendre d'antibiotiques, je vous comprends.*
das Antibiotikum, Antibiotika *l'antibiotique*
verstehen *comprendre*
Seien Sie dann aber vorsichtig! *Mais alors soyez prudent.*
vorsichtig *prudent, prudemment*
Gehen Sie nicht oft schwimmen, trinken Sie Kamillentee und machen Sie jeden Abend Halskompressen. *Ne faites pas trop de natation, buvez de la tisane à la camomille et faites des compresses sur le cou tous les soirs.*
der Kamillentee *la tisane à la camomille*
die Halskompresse, -n *la compresse pour le cou*
Vielleicht kaufen Sie ein Medikament aus Pflanzen, zum Beispiel Echinacea-Tropfen. *Vous pourriez peut-être acheter un médicament à base de plantes, par exemple des gouttes d'Echinacea.*
das Medikament, -e *le médicament*
die Pflanze, -n *la plante*

das Beispiel, -e *l'exemple*
zum Beispiel *par exemple*
der Tropfen, - *la goutte*
Die bekommen Sie in der Apotheke. *Vous les obtiendrez en pharmacie.*
die Apotheke, -n *la pharmacie*
Lieber Doktor Braun, … *Cher docteur, …*
Ich habe oft Schmerzen in der Brust, besonders morgens. *J'ai souvent des douleurs dans la poitrine, surtout le matin.*
der Schmerz, -en *la douleur*
Ich rauche nicht, ich trinke nicht, ich treibe viel Sport und bin sonst ganz gesund. *Je ne fume pas, je ne bois pas, je fais beaucoup de sport et à part cela, je me sens en parfaite santé.*
Sport treiben *faire du sport*
ganz *tout à fait*
Was kann ich gegen die Schmerzen tun? *Que puis-je faire contre les douleurs?*
gegen *contre*
Ihr Arzt hat recht. *Votre médecin a raison.*
recht haben *avoir raison*
Magenschmerzen, das bedeutet Streß! *Les douleurs d'estomac, c'est un signe de stress.*
die Magenschmerzen *(Plural)* *les douleurs d'estomac*
bedeuten *signifier*
der Streß *le stress*
Vielleicht haben Sie ein Magengeschwür. *Vous avez peut-être un ulcère de l'estomac.*
das Magengeschwür, -e *l'ulcère de l'estomac*
Das kann schlimm sein! *Ça peut être grave.*
schlimm *grave*

Welcher Leserbrief und welche Antwort passen zusammen? *A quelle lettre correspond quelle réponse?*
der Leserbrief, -e *la lettre à la rédaction*
die Antwort, -en *la réponse*
zusammenpassen *aller ensemble*

Seite 73

die Brustschmerzen *(Plural) la douleur à la poitrine*
die Halsschmerzen *(Plural) le mal de gorge*
die Magenschmerzen *(Plural) les douleurs d'estomac*
Welche Ratschläge gibt Dr. Braun? *Quels sont les conseils du docteur B.?*
der Ratschlag, ⸚e *le conseil*
einen Ratschlag geben *donner un conseil*
Frau E. soll vorsichtig sein. *Mme E. doit être prudente.*
vorsichtig *prudent, prudemment*
fett essen *manger gras*
Ich habe ein Magengeschwür. *J'ai un ulcère de l'estomac.*
Oh ja, das soll ich sogar. *Oh oui, il le faut même.*
oh ja *oh oui*
sogar *même*
Eis essen *manger de la glace*
die Schokolade, -n *le chocolat*
die Verstopfung *la constipation*
das Obst *le fruit*
zu dick sein *être trop gros*
dick *gros*
zuviel Cholesterin haben *avoir trop de cholestérol*
das Cholesterin *le cholestérol*
die Margarine *la margarine*
beim Arzt *chez le docteur*
Hören Sie zu und beantworten Sie die Fragen. *Ecoutez et répondez aux questions.*
beantworten *répondre*

Seite 74

die Schlafstörung, -en *l'insomnie*
Tips für eine ruhige Nacht *Tuyaux pour passer une bonne nuit*
der Tip, -s *le tuyau*
ruhig *calme, tranquille*
die Nacht, ⸚e *la nuit*
Jeden Morgen das gleiche: ... *C'est tous les matins la même chose: ...*
das gleiche *la même chose, pareil*
Der Wecker klingelt, doch Sie sind müde und schlapp. *Le réveil sonne cependant vous êtes fatigué et éreinté.*
der Wecker, - *le réveil*
klingeln *sonner*
müde *fatigué*
schlapp *éreinté*
Sie möchten gern weiterschlafen – endlich einmal ausschlafen ... *Vous aimeriez bien continuer à dormir – une fois enfin, faire la grasse matinée.*
weiterschlafen *continuer à dormir*
endlich *enfin*
einmal *une fois*
ausschlafen *dormir son content*
Für jeden vierten Deutschen (davon mehr als zwei Drittel Frauen) sind die Nächte eine Qual. *Pour un Allemand sur quatre (parmi eux, plus des deux tiers étant des femmes) les nuits sont un supplice.*
für jeden vierten *un sur quatre*
davon *ici: parmi eux*
das Drittel, - *le tiers*
die Qual, -en *le supplice, la torture*
Sie können nicht einschlafen oder wachen nachts häufig auf. *Ils ne peuvent pas*

s'endormir ou se réveillent souvent la nuit.
einschlafen *s'endormir*
aufwachen *se réveiller*
nachts *la nuit*
häufig *souvent*
Gegen Schlafstörungen soll man unbedingt etwas tun. *Contre les insomnies il faut absolument faire quelque chose.*
unbedingt *absolument*
Zuerst muß man die Ursachen kennen. *Tout d'abord, il faut en trouver la cause.*
die Ursache, -n *la cause, la raison*
kennen *connaître*
Ein schweres Essen am Abend, zuviel Licht oder ein hartes Bett können den Schlaf stören. *Un repas lourd le soir, une lumière trop forte ou bien un lit trop dur peuvent troubler le sommeil.*
schwer *lourd*
zuviel *trop*
das Licht, -er *la lumière*
hart *dur*
der Schlaf *le sommeil*
stören *troubler, déranger*
Manchmal sind aber auch Angst, Streß oder Konflikte die Ursache. *Parfois la peur, le surmenage ou des conflits en sont à l'origine.*
die Angst, ⸚e *la peur*
der Streß *le surmenage, le stress*
der Konflikt, -e *le conflit*
die Ursache, -n *l'origine*
Gehen Sie abends spazieren oder nehmen Sie ein Bad (es muß schön heiß sein!) *Faites une promenade le soir ou prenez un bain (bien chaud).*
ein Bad nehmen *prendre un bain*
heiß *chaud*
Die Luft im Schlafzimmer muß frisch sein. *La chambre à coucher doit être bien aérée.*
die Luft *l'air*
frisch *frais*
Das Zimmer muß dunkel sein und darf höchstens 18 Grad warm sein. *La pièce doit être sombre et il doit y faire au maximum 18 degrés.*
dunkel *sombre*
höchstens *au maximum*
der Grad, -e *le degré*
Nehmen Sie keine Medikamente. *Ne prenez pas de médicaments.*
das Medikament, -e *le médicament*
Trinken Sie lieber einen Schlaftee. *Buvez plutôt une tisane pour dormir.*
lieber *plutôt*
der Schlaftee, -s *la tisane pour dormir*
Auch ein Glas Wein, eine Flasche Bier oder ein Glas Milch mit Honig können helfen. *Un verre de vin, une bouteille de bière ou un verre de lait chaud avec du miel peuvent également aider.*
der Honig *le miel*
helfen *aider*
Sie stehen dann auf dem Papier und stören nicht Ihren Schlaf. *Ils se trouvent alors sur le papier et ne troublent plus votre sommeil.*
stehen *se trouver, être*
das Papier, -e *le papier*
Machen Sie Meditationsübungen oder Yoga. *Faites des exercices de méditation ou du yoga.*
die Meditationsübung, -en *l'exercice de méditation*
das Yoga *le yoga*
Welche Ratschläge können Sie geben? *Que pouvez-vous lui conseiller?*
der Ratschlag, ⸚e *le conseil*
einen Ratschlag geben *donner un conseil*

die Erkältung, -en *le refroidissement, le rhume*
die Vitamintablette, -n *le comprimé de vitamines*
die Kreislaufstörung, -en *les troubles de la circulation*

Seite 75

Jochen ist erkältet und hat Fieber. *J. est enrhumé et il a de la fièvre.*
erkältet sein *être enrhumé*
Rolf und Jochen spielen zusammen in einer Fußballmannschaft. *R. et J. jouent ensemble dans une équipe de football.*
die Fußballmannschaft, -en *l'équipe de football*
Am Samstag ist ein sehr wichtiges Spiel. *Samedi il y a un match très important.*
das Spiel, -e *le match*
Jochen soll unbedingt mitspielen. *J. doit jouer à tout prix.*
unbedingt *à tout prix*
mitspielen *participer*
Seine Mannschaft braucht Jochen, denn er spielt sehr gut. *L'équipe a besoin de J. parce qu'il joue très bien.*
die Mannschaft, -en *l'équipe*
Rekonstruieren Sie dann den Dialog. *Puis reconstituez le dialogue.*
rekonstruieren *reconstituer, reconstruire*
Der Text auf der Kassette ist nicht genau gleich! *Le texte de la cassette n'est pas exactement identique.*
genau *exactement*
gleich *identique*
90 Minuten kannst du bestimmt spielen. *Tu peux sûrement jouer 90 minutes.*
bestimmt *sûrement*
Ach, dein Arzt! Komm, spiel doch mit. *Oh ton docteur! Allez viens donc jouer.*
mitspielen *participer au jeu*
Ein bißchen Fieber, das ist doch nicht so schlimm. *Un peu de fièvre, ça n'est pas bien grave.*
ein bißchen *un peu*
schlimm *grave*
Ich möchte ja gern, aber ich kann wirklich nicht. *J'aimerais bien mais je ne peux vraiment pas.*
wirklich *vraiment*
Also gute Besserung! *Alors, bon rétablissement.*
Gute Besserung! *Meilleure santé*
Schreiben Sie einen ähnlichen Dialog mit Ihrem Nachbarn. *Rédigez un dialogue semblable avec votre voisin.*
der Nachbar, -n *le voisin*
Er spielt in einer Jazzband Trompete. *Il joue de la trompette dans un orchestre de jazz.*
die Jazzband, -s *l'orchestre de jazz*
die Trompete, -n *la trompette*
Am Wochenende müssen sie spielen. *Ils doivent jouer ce week-end.*
das Wochenende, -n *le week-end*
Frau Wieland ist Buchhalterin. *Mme W. est comptable.*
die Buchhalterin, -nen *la comptable*
Ihr Chef, Herr Knoll, ruft an. *Son chef, M. K. lui téléphone.*
der Chef, -s *le chef*
anrufen *téléphoner*
Sie soll kommen, denn es gibt Probleme in der Buchhaltung. *Elle doit venir car il y a des problèmes au service comptable.*
die Buchhaltung *le service comptable*

Seite 76 und 77

Mensch, Lisa, was hast du denn gemacht?

Dis donc Lisa, qu'est-ce que tu as fabriqué?
der Mensch, -en *l'être humain*
Mensch, Lisa! *Dis donc Lisa!*
Was ist denn bloß passiert? *Mais comment c'est donc arrivé?*
bloß *ici: donc*
Na ja, es ist Samstag passiert ... *Et bien, c'est arrivé samedi ...*
passieren *arriver*
Und was ist nun wirklich passiert? *Que s'est-il vraiment passé?*
wirklich *vraiment*
Ordnen Sie die Bilder. *Mettez les photos dans l'ordre.*
ordnen *classer*
Es gibt drei Geschichten. *Il y a trois histoires.*
die Geschichte, -n *l'histoire*
Erzählen Sie die Geschichten mit Ihren Worten: *Racontez les histoires avec vos propres mots:*
das Wort, -e *la parole*
das Wort, ¨er *le mot*
Dann habe ich die Bierflaschen nach unten gebracht. *Après, j'ai descendu les bouteilles de bières.*
die Bierflasche, -n *la bouteille de bière*
nach unten *en bas*
Mensch, da habe ich laut geschrien. *Nom d'une pipe! là j'ai crié fort.*
laut *fort (pour un son)*
schreien *crier*
Meine Kollegin ist gekommen und hat geholfen. *Ma collègue est arrivée et m'a aidée.*
die Kollegin, -nen *la collègue*
Plötzlich ist meine Hand in die Maschine gekommen. *Soudain, ma main s'est prise dans la machine.*
plötzlich *soudain*

Meine Freundin hat den Arzt geholt. *Mon amie a appelé le médecin.*
Das Bein ist gebrochen. *La jambe est cassée.*
gebrochen sein *être cassé*
Ich bin wieder aufgestanden. *Je me suis relevée.*
aufstehen *se lever*
Dann bin ich hingefallen. *Puis je suis tombée.*
hinfallen *tomber*

Seite 78

Was braucht man im Winterurlaub? *De quoi a-t-on besoin pour les vacances d'hiver?*
der Winterurlaub *les vacances d'hiver*
die Skihose, -n *le pantalon de ski*
der Schal, -s *l'écharpe*
die Mütze, -n *le bonnet*
der Pullover, - *le pullover*
der Krankenschein, -e *la feuille de maladie*
das Verbandszeug *la trousse de pansement*
das Medikament, -e *le médicament*
der Handschuh, -e *le gant*
das Pflaster, - *le sparadrap*
die Skibrille, -n *les lunettes de ski*
das Briefpapier *le papier à lettres*
Sie wollen dort Ski fahren. *Ils veulent y faire du ski.*
der Ski, -er *le ski*
Sie packen ihre Koffer. *Ils font leurs valises.*
packen *faire ses bagages, sa valise*
der Koffer, - *la valise*
Nehmt die Skihosen mit! *Emportez vos pantalons de ski!*
mitnehmen *emporter*

Packt auch die Schals ein! *Prenez aussi les écharpes!*
einpacken *faire sa valise*
der Schal, -s *l'écharpe*
Vergeßt die Mützen nicht! *N'oubliez pas les bonnets!*
vergessen *oublier*
Am Bahnhof. *A la gare.*
der Bahnhof, ¨e *la gare*
Nein, ihre Skihosen haben sie nicht dabei. *Non, ils n'ont pas pris leurs pantalons de ski.*
dabeihaben *avoir avec soi*

Seite 79

Der Skikurs hat drei Wochen gedauert. *Le cours de ski a duré trois semaines.*
der Skikurs, -e *le cours de ski*
dauern *durer*
Hier das Tagesprogramm: ... *Voici le programme de la journée: ...*
das Tagesprogramm, -e *le programme quotidien*
Skikurs Anfänger 3 *cours de ski débutant niveau 3*
der Anfänger, - *le débutant*
der Skiunterricht *la leçon de ski*
Aber ein Tag war ein Unglückstag. *Mais j'ai eu un jour de malchance.*
der Unglückstag, -e *le jour de malchance*

Seite 80

Der eingebildete Kranke *le malade imaginaire*
eingebildet *imaginaire*
der Kranke, -n *le malade*
So? Wo fehlt's denn? *Alors, qu'est-ce qui ne va pas?*

Unsinn! *Pas de bêtise!*
der Unsinn *la bêtise, le non-sens*
wenig *peu*
Das heißt, Sie haben keinen Appetit? *Vous voulez dire que vous n'avez pas d'appétit?*
Appetit haben *avoir de l'appétit*
Oh doch! Ich esse zwar wenig, aber das dann mit viel Appetit. *Mais non, c'est vrai que je mange peu, mais avec beaucoup d'appétit.*
zwar ... aber ... *si ... mais*
Ich habe immer einen furchtbaren Durst. *J'ai toujours une soif terrible.*
furchtbar *terrible*
der Durst *la soif*
Na ja, ich schwitze sehr viel. *Eh bien, je transpire beaucoup.*
schwitzen *transpirer*
Wissen Sie, ich laufe ständig zum Arzt. *Vous savez, je cours constamment chez le médecin.*
Wissen Sie, ... *Vous savez, ...*
laufen *aller, courir*
ständig *constamment*
Wo sind Sie versichert? *Où êtes-vous assuré?*
versichert sein *être assuré*
Ich schicke Ihnen dann die Rechnung! *Je vous enverrai la facture.*
schicken *envoyer*
die Rechnung, -en *la facture*
Sehen Sie, Herr Doktor, jetzt schwitze ich schon wieder ... *Vous voyez, Docteur, je transpire de nouveau ...*
Sehen Sie, ... *vous voyez, ...*
schon wieder *de nouveau*

Lektion 7

Seite 81

der Brief, -e *la lettre*
das Fahrrad, ⸚er *la bicyclette*
das Theater, - *le théâtre*
ein Bild malen *peindre un tableau*
das Bild, -er *le tableau*
malen *peindre*
Blumen gießen *arroser les fleurs*
die Blume, -n *la fleur*
gießen *arroser*
essen gehen *aller manger*

Seite 82

Was haben die Personen gerade gemacht? *Que viennent de faire les personnages?*
gerade: gerade gemacht *venir de faire*
geheiratet: Sie haben geheiratet *Ils se sont mariés*
heiraten *se marier*
gefallen *tombé*
fallen *tomber*
Was haben die Leute am Wochenende gemacht? *Qu'ont fait les gens pendant le week-end?*
das Wochenende, -n *le week-end*
Besuch gehabt *reçu de la visite*
der Besuch, -e *la visite*
für eine Prüfung gelernt *appris pour un examen*
die Prüfung, -en *l'examen*
lernen *apprendre*
Hören Sie zu. *Écoutez.*
zuhören *écouter*
Überlegen Sie: … *réfléchissez: …*
überlegen *réfléchir*
Was haben die Leute vielleicht außerdem gemacht? *Qu'est-ce-que les gens ont peut-être fait d'autre?*
außerdem *en plus*
das Perfekt *le passé composé*

Seite 83

Grüß dich! *salut*
Was hast du eigentlich Mittwoch nachmittag gemacht? *Au fait, qu'as-tu fait mercredi après-midi?*
eigentlich *en fait, en vérité*
Wir waren doch verabredet. *Nous avions pourtant rendez-vous.*
verabredet sein *avoir rendez-vous*
Das habe ich total vergessen. *J'ai complètement oublié.*
total *complètement, entièrement*
mittag *midi*
wegfahren *partir*
Perfekt: Trennbare Verben *Passé composé: verbes à particule séparable*
trennbar *séparable*
das Verb, -en *le verbe*
Wer hat das erlebt? *Qui a vécu quoi?*
erleben *vivre*
… hat ein Mädchen kennengelernt. … *a fait la connaissance d'une jeune fille.*
kennenlernen *faire la connaissance*
… hat zwei Wochen im Krankenhaus gelegen. … *a passé deux semaines à l'hôpital.*
das Krankenhaus, ⸚er *l'hôpital*
… hatte einen Autounfall. … *a eu un accident de voiture.*
der Autounfall, ⸚e *l'accident de voiture*
… ist Vater geworden. … *est devenu père.*
der Vater, ⸚ *le père*
der Januar *janvier, le mois de janvier*
der Februar *février*
der März *mars*

der April *avril*
der Mai *mai*
der Juni *juin*
der Juli *juillet*
der August *août*
der September *septembre*
der Oktober *octobre*
der November *novembre*
der Dezember *décembre*
das Präteritum *le prétérit*
Was haben Sie letztes Jahr erlebt? *Que vous est-il arrivé l'année dernière?*
letzt- *dernier*

Seite 84

Haben Sie schon gehört ...? *Vous êtes au courant de ...?*
hören *entendre parler*
Ja, sie hatte einen Unfall. *Oui, elle a eu un accident.*
der Unfall, ¨-e *l'accident*
Aber sie muß wohl ein paar Tage im Bett bleiben. *Mais elle doit malgré tout rester au lit quelques jours.*
ein paar *quelques*
Die Sache mit Frau Soltau? *Ce qui est arrivé à Mme Soltau?*
die Sache, -n *l'affaire*
Sie ist die Treppe hinuntergefallen. *Elle est tombée dans l'escalier.*
die Treppe, -n *l'escalier*
hinunterfallen *tomber*
Man hat sie operiert. *On l'a opérée.*
operieren *opérer*
Das ist ja schrecklich! *Mais c'est terrible!*
schrecklich *terrible*
Wer hat das erzählt? *Qui a raconté ça?*
erzählen *raconter*
Hier sind ein paar Möglichkeiten. *Voici quelques possibilités.*
die Möglichkeit, -en *la possibilité*
Frau Kuhn hat im Lotto gewonnen. *Mme K. a gagné au loto.*
das Lotto *le loto*
gewinnen *gagner*
Sie hat gekündigt und will eine Weltreise machen. *Elle a donné son congé et veut faire le tour du monde.*
kündigen *donner son congé*
die Weltreise, -n *le tour du monde*
aber ihr Mann ist ausgezogen. *mais son mari l'a quittée.*
der Mann, ¨-er (= Ehemann) *le mari*
ausziehen *déménager*
Zwei Polizisten waren bei Herrn Janßen. *Deux policiers sont venus chez M. J.*
der Polizist, -en *le policier*
bei *chez*
Sie haben geklingelt. *Ils ont sonné.*
klingeln *sonner*
Die Polizisten sind wieder gegangen. *Les policiers sont repartis.*
wieder *à nouveau, une nouvelle fois*

Seite 85

Kennen Sie das auch? *Connaissez-vous cela aussi?*
kennen *connaître*
Habt ihr die Zähne geputzt? *Vous êtes-vous brossé les dents?*
putzen *ici: brosser*
Habt ihr eure Schularbeiten gemacht? *Avez-vous fait vos devoirs?*
die Schularbeiten *(Plural)* *les devoirs*
Na klar! *Bien sûr!*
Selbstverständlich! *Naturellement!*
Was fragen die Kinder und der Vater? *Que demandent les enfants, que demande le père?*

der Vater, ⸚ *le père*
Hast du die Blumen gegossen? *As-tu arrosé les fleurs?*
die Blume, -n *la fleur*
gießen *arroser*
Licht in der Garage ausmachen *éteindre la lumière dans le garage*
das Licht, -er *la lumière*
ausmachen *éteindre*
Lehrerin anrufen *téléphoner au professeur*
die Lehrerin, -nen *le professeur*
Bad putzen *nettoyer la salle de bains*
putzen *nettoyer*
Heizung anstellen *allumer le chauffage*
die Heizung, -en *le chauffage*
anstellen *mettre en marche*
Katze füttern *donner à manger au chat*
die Katze, -n *le chat*
füttern *donner à manger*
Schulhefte kaufen *acheter des cahiers d'écolier*
das Schulheft, -e *le cahier d'écolier*
Waschmaschine abstellen *arrêter la machine à laver*
abstellen *arrêter, couper*
Knopf annähen *coudre un bouton*
der Knopf, ⸚e *le bouton*
annähen *coudre*
Räumt den Keller doch selbst auf! *Rangez donc la cave vous-même!*
selbst *vous-même*
Dazu habe ich keine Lust. *Je n'en ai pas envie.*

Seite 86

Die Kinder abgeholt und nach Hause gebracht. *Elle est allée chercher les enfants et les a ramenés à la maison.*
abholen *aller chercher*
nach Hause *à la maison*
In den Supermarkt gegangen. *Elle est allée au supermarché.*
der Supermarkt, ⸚e *le supermarché*
Jens mitgenommen. *Elle a emmené Jens avec elle.*
mitnehmen *emmener*
Jens in den Kindergarten und Anna in die Schule gebracht. *Elle a conduit J. au jardin d'enfants et A. à l'école.*
der Kindergarten, ⸚ *le jardin d'enfants*
Karl zur Haltestelle gebracht und ins Büro gefahren. *Elle a conduit K. à l'arrêt de bus et est allée au bureau.*
die Haltestelle, -n *l'arrêt*
zur Haltestelle *à l'arrêt*
das Büro, -s *le bureau*
Die Kinder ins Bett gebracht. *Elle a mis les enfants au lit.*
ins Bett bringen *mettre au lit*
Briefe beantwortet, telefoniert, Bestellungen bearbeitet. *Elle a répondu à des lettres, téléphoné, traité des commandes.*
beantworten *répondre*
telefonieren *téléphoner*
die Bestellung, -en *la commande*
bearbeiten *ici: traiter*
Jens und Anna geweckt und angezogen. *Elle a réveillé J. et A. et les a habillés.*
wecken *réveiller*
anziehen *habiller*
Die Freundin von Anna nach Hause gebracht. *Elle a ramené l'amie de A. à la maison.*
die Freundin, -nen *l'amie*
nach Hause *à la maison*
Ordnen Sie zuerst nach der Uhrzeit. *Classez d'abord par ordre chronologique.*
zuerst *d'abord*

die Uhrzeit, -en *l'heure*
von 8.30 bis 12.00 Uhr *de 8h 30 à 12 heures*
von ... bis ... *de ... à ...*

Seite 87

Frau Winter hat für ihren Mann zwei Zettel geschrieben. *Mme W. a écrit deux notes pour son mari.*
der Zettel, - *le bout de papier*
Er kann das nicht allein. *Il ne peut pas le faire tout seul.*
allein *seul*
Spätestens um 14.30 Uhr die Hausaufgaben machen lassen. *Au plus tard à 14 h 30 lui faire faire ses devoirs.*
spätestens *au plus tard*
die Hausaufgaben *(Plural)* *les devoirs*
machen lassen *faire faire*
Um 16 Uhr in die Musikschule bringen. *A 16 heures la conduire à l'école de musique.*
die Musikschule, -n *l'école de musique*
das Personalpronomen, - *le pronom personnel*

Seite 88

Junge (8 Jahre) auf Autobahnraststätte einfach vergessen! *Garçon (8 ans) tout simplement oublié au relais d'autoroute!*
die Autobahnraststätte, -n *le relais d'autoroute*
einfach *simplement*
Am Neujahrsmorgen um 3.30 Uhr war der achtjährige Dirk W. mutterseelenallein auf einem Rastplatz an der Autobahn Darmstadt-Frankfurt. *Le matin du 1er de l'an, à 3 h30, D. W. âgé de 8 ans, était tout seul sur une aire de repos de l'autoroute Darmstadt-Francfort.*
der Neujahrsmorgen *le matin du 1er de l'an*
mutterseelenallein *tout seul*
der Rastplatz, ¨e *l'aire de repos*
die Autobahn, -en *l'autoroute*
Seine Eltern waren versehentlich ohne ihn abgefahren. *Par inadvertance, ses parents étaient partis sans lui.*
versehentlich *par inadvertance*
abfahren *partir*
Lesen Sie die drei Texte. *Lisez les trois textes.*
der Text, -e *le texte*
Dirk ist mit seinen Eltern und seiner Schwester nachts um 12 Uhr von Stuttgart losgefahren. *A minuit D. est parti de Stuttgart avec ses parents et sa sœur.*
losfahren *partir*
Er und seine Schwester waren müde und haben auf dem Rücksitz geschlafen. *Lui et sa sœur étaient fatigués et ils ont dormi sur la banquette arrière.*
müde *fatigué*
der Rücksitz, -e *la banquette arrière*
Auf einmal ist Dirk aufgewacht. *Tout à coup D. s'est réveillé.*
auf einmal *tout à coup*
aufwachen *se réveiller*
Das Auto war geparkt, und seine Eltern waren nicht da. *La voiture était garée et ses parents n'étaient pas là.*
parken *garer*
da sein *être là*
Auf dem Parkplatz war eine Toilette. *Sur le parking il y avait des W.-C.*
der Parkplatz, ¨e *le parking*
Dirk ist ausgestiegen und auf die Toilette gegangen. *D. est descendu de voiture et est allé aux W.-C.*
aussteigen *descendre*

Dann ist er zurückgekommen, und das Auto war weg. *Ensuite il est revenu, et la voiture n'était plus là.*
zurückkommen *revenir*
weg sein *être parti*
Er hat auf dem Rücksitz gesessen und Musik gehört. *Il était assis sur la banquette arrière et écoutait de la musique.*
sitzen *être assis*
Dann hat sein Vater auf dem Parkplatz angehalten und ist auf die Toilette gegangen. *Puis son père s'est arrêté sur le parking et est allé aux W.-C.*
anhalten *s'arrêter*
Es war dunkel, und Dirk hatte auf einmal Angst allein im Auto. *Il faisait sombre, et soudain D. a eu peur, seul dans la voiture.*
dunkel *sombre*
Angst haben *avoir peur*
Er ist ausgestiegen und hat seinen Vater gesucht. *Il est descendu et il a cherché son père.*
suchen *chercher*
Zuerst haben die Kinder noch gespielt, aber dann sind sie auf dem Rücksitz eingeschlafen. *D'abord les enfants ont joué un peu, mais ensuite, ils se sont endormis sur la banquette arrière.*
einschlafen *s'endormir*
Plötzlich ist Dirk aufgewacht. *Soudain D. s'est réveillé.*
aufwachen *se réveiller*
Es war still, und sein Vater war nicht mehr im Auto. *Tout était silencieux et son père n'était plus dans la voiture.*
still *calme*
Dann ist er wiedergekommen, und das Auto war weg. *Puis il est revenu et la voiture avait disparu.*
wiederkommen *revenir*

Hören Sie den Bericht von Dirk. *Ecoutez le récit de D.*
der Bericht, -e *le récit*
Welcher Text erzählt die Geschichte richtig? *Quel texte raconte correctement l'histoire?*
der Text, -e *le texte*
richtig *exact*

Seite 89

Dort sind wir ein bißchen spazierengegangen. *Là, nous nous sommes promenés un peu.*
ein bißchen *un peu*
Dann sind wir weitergefahren, ... *Alors nous avons continué notre route, ...*
weiterfahren *continuer sa route*
... und wir haben miteinander gesprochen. *... et nous avons discuté.*
miteinander *ensemble, l'un avec l'autre*
Um 5.00 Uhr haben wir die Suchmeldung im Radio gehört. *A cinq heures nous avons entendu l'avis de recherche à la radio.*
die Suchmeldung, -en *l'avis de recherche*
... hat uns ein Polizeiauto angehalten. ... *une voiture de police nous a arrêtés.*
das Polizeiauto, -s *la voiture de police*
anhalten *arrêter*
... haben wir auf einmal gemerkt: Dirk ist nicht da! *... et soudain nous avons constaté: mais D. n'est pas là!*
auf einmal *soudain*
merken *remarquer, constater*
Dann haben wir sofort mit der Polizei telefoniert und Dirk abgeholt. *Puis nous avons tout de suite téléphoné à la police et nous sommes allés chercher D.*
die Polizei *la police*
... sind wir sofort zurückgefahren und ha-

ben Dirk gesucht. *... nous sommes tout de suite retournés et nous avons cherché D.*
zurückfahren *retourner*
rufen *crier*
geben *donner*
kalt *froid*
denn *car*
die Jacke, -n *la veste*
die Angst, ⸚e *la peur*
leer *vide*
später *plus tard*
sofort *tout de suite*
die Polizeistation, -en *le poste de police*
warm *chaud*
nett *gentil*
gleich *à l'instant, tout de suite*
bald *bientôt*

Seite 90

Ich bin gerade drei Tage auf Geschäftsreise in Wien. *Je suis pour trois jours en voyage d'affaires à Vienne.*
die Geschäftsreise, -n *le voyage d'affaires*
Die Stadt ist wie immer wunderschön. *Comme toujours la ville est merveilleuse.*
die Stadt, ⸚e *la ville*
wunderschön *merveilleux*
Diesmal habe ich etwas Zeit. *Cette fois j'ai un peu de loisir.*
diesmal *cette fois*
Gestern war ich im Stephansdom. *Hier je suis allée à la cathédrale St. Etienne.*
gestern *hier*
Heute bin ich im Prater spazierengegangen ... *Aujourd'hui je suis allée me promener au Prater.*
der Prater *le Prater*

... und dann habe ich im Hotel Sacher Kaffee getrunken und drei Stück Sachertorte gegessen. *... et après j'ai bu un café au »Sacher« et j'ai mangé trois morceaux de „sachertorte".*
die Sachertorte, -n *spécialité viennoise au chocolat et au massepain*
Bis jetzt habe ich ja viel Pech gehabt in dieser Wohnung: ... *Jusqu'à maintenant j'ai eu beaucoup de malchance avec ce logement: ...*
Pech haben *ne pas avoir de chance*
Zuerst sind die Vormieter drei Wochen zu spät ausgezogen. *D'abord les anciens locataires ont déménagé avec 3 semaines de retard.*
der Vormieter, - *l'ancien locataire*
und dann haben die Handwerker viele Fehler gemacht: *... et ensuite les artisans ont fait beaucoup de dégâts.*
der Handwerker, - *l'artisan*
der Fehler, - *ici: le dégât*
Der Maler hat für die Türen die falsche Farbe genommen. *Le peintre n'a pas pris la bonne couleur pour les portes.*
der Maler, - *le peintre*
die Tür, -en *la porte*
falsch *mauvais*
die Farbe, -n *la couleur*
Der Tischler hat ein Loch in die Wand gebohrt und gleich die Elektroleitung kaputtgemacht. *En perçant un trou dans le mur le menuisier a détruit une conduite électrique.*
der Tischler, - *le menuisier*
das Loch, ⸚er *le trou*
die Wand, ⸚e *le mur*
bohren *percer*
gleich *en même temps*
die Elektroleitung, -en *la conduite électrique*

kaputtmachen *casser*
Die Teppichfirma hat einen Teppich mit Fehlern geliefert. *L'entreprise de revêtements de sol nous a livré une moquette avec des défauts.*
die Teppichfirma, Teppichfirmen *l'entreprise de revêtements de sol.*
mit *avec*
der Fehler, - *le défaut*
liefern *livrer*
Ich habe sofort reklamiert, aber bis jetzt hat es nicht geholfen. *J'ai réclamé tout de suite, mais jusqu'à maintenant ça n'a servi à rien.*
reklamieren *réclamer*
bis jetzt *jusqu'à maintenant*
helfen *aider*
Es hat wirklich viel Ärger gegeben. *Il y a vraiment eu beaucoup d'ennuis.*
der Ärger *l'ennui*
Aber mein Nachbar, Herr Driesen, ist sehr nett. *Mais mon voisin, M. D., est très gentil.*
der Nachbar, -n *le voisin*
Er hat die Lampen montiert. *Il a installé les lampes.*
montieren *installer, monter*
Die Waschmaschine habe ich selbst angeschlossen. *La machine à laver, je l'ai branchée moi-même.*
anschließen *brancher*
In der Küche funktioniert jetzt alles. *Maintenant tout marche dans la cuisine.*
alles *tout*
Willst Du nicht nächste Woche mal vorbeikommen? *N'as-tu pas envie de passer la semaine prochaine?*
vorbeikommen *passer*
nächste Woche *la semaine prochaine*
Bis bald! *A bientôt!*

Seite 91

An ihrer Wohnungstür findet sie einen Zettel. *Elle trouve un petit mot sur la porte de son appartement.*
die Wohnungstür, -en *la porte d'appartement*
Sehen Sie die Bilder an. *Regardez les images.*
ansehen *regarder*
Hören Sie zu und machen Sie Notizen. *Ecoutez et prenez des notes.*
Notizen machen *prendre des notes*
der Waschmaschinenschlauch, ¨-e *le tuyau de la machine à laver*
das Geräusch, -e *le bruit*
der Boden, ¨ *le sol*
wischen *essuyer*
einschlagen *casser, forcer une fenêtre*
tropfen *goutter*
einsteigen *monter*
die Decke, -n *le plafond*

Seite 92

Nur einer fragt. *Il n'y en a qu'un qui pose les questions.*
einer *un*
Gestern, Herr Vorsitzender, habe ich nichts gemacht. *Hier, M. le président, je n'ai rien fait.*
der Vorsitzende, -n *le président*
Nun, irgendwas haben Sie doch sicher gemacht. *Allons, vous avez sûrement fait quelque chose.*
irgendwas *quelque chose*
sicher *sûrement*
Nein, Herr Vorsitzender, ganz bestimmt nicht. *Non, M. le Président vraiment rien.*
ganz bestimmt *sans aucun doute*

Nun denken Sie mal ein bißchen nach, Herr Krause. *Eh bien! réfléchissez donc un peu M. K.*
nachdenken *réfléchir*
Das tue ich ja, Herr Vorsitzender, ich denke schon die ganze Zeit nach. *C'est ce que je fais, M. le Président, je réfléchis depuis le début.*
tun *faire*
Na also! *Vous voyez!*
Herr Krause – hier stelle ich die Fragen! *M. K. ici c'est moi qui pose les questions!*
Fragen stellen *poser des questions*

Lektion 8

Seite 93

die Bäckerei, -en *la boulangerie*
das Café, -s *le café*
die Apotheke, -n *la pharmacie*
die Metzgerei, -en *la boucherie*
das Fotostudio, -s *l'atelier de photographie*
das Reisebüro, -s *l'agence de voyage*
das Hotel, -s *l'hôtel*
die Bank, -en *la banque*
die Reinigung, -en *la teinturerie*
die Buchhandlung, -en *la librairie*
die Post *la poste*

Seite 94

der Getränkemarkt, ¨e *le magasin de boissons*
der Supermarkt, ¨e *le supermarché*
der Park, -s *le parc*
der Bahnhof, ¨e *la gare*
der Marktplatz *la place du marché*

der Markt, ¨ *le marché*
der Platz, ¨e *la place*
die Autowerkstatt, ¨en *le garage*
die Bibliothek, -en *la bibliothèque*
die Telefonzelle, -n *la cabine téléphonique*
die Diskothek, -en *la discothèque*
das Blumengeschäft, -e *le magasin de fleurs*
das Textilgeschäft, -e *le magasin de vêtements*
das Schwimmbad, ¨er *la piscine*
das Kino, -s *le cinéma*
das Restaurant, -s *le restaurant*
das Museum, Museen *le musée*
das Rathaus, ¨er *la mairie, l'hôtel de ville*
der Parkplatz, ¨e *le parking*
die Kirche, -n *l'église*

Seite 95

die Dialogübung, -en *l'exercice de conversation*
das Getränk, -e *la boisson*
die Kleidung *les vêtements*
der Film, -e *le film*
die Briefmarke, -n *le timbre*
das Arzneimittel, - *le médicament*
reparieren *réparer*
das Paßbild, -er *la photo d'identité*
reinigen lassen *faire nettoyer*
Geld abheben *retirer de l'argent*
Geld einzahlen *verser de l'argent*
Geld wechseln *changer de l'argent*
die Fahrkarte, -n *le billet, le ticket*
das Buch, ¨er *le livre*
leihen *emprunter*
der Paß, Pässe *le passeport*
übernachten *passer la nuit*
die Reise, -n *le voyage*

Seite 96

Was möchte Herr Kern erledigen?
Qu'est-ce que M. K. veut régler?
erledigen   *régler, exécuter*
die Bahnfahrkarte, -n   *le billet de train*
Paket an Monika schicken   *envoyer le colis à Monique*
das Paket, -e   *le paquet, le colis*
an Monika   *à Monique*
schicken   *envoyer*
Aspirin holen   *aller chercher de l'aspirine.*
das Aspirin   *l'aspirine*
holen   *aller chercher*
Mantel reinigen lassen   *faire nettoyer le manteau*
der Mantel, ¨   *le manteau*
Blumen für Oma kaufen   *acheter des fleurs pour grand-mère.*
die Oma, -s   *la grand-mère*
zurückgeben   *rendre*
Herr Kern fährt zum Bahnhof.   *M. K. va à la gare.*
zum Bahnhof   *à la gare*
Sie wohnen noch nicht lange in Neustadt und müssen zehn Dinge erledigen.
Vous habitez depuis peu à Neustadt et vous avez dix choses à régler.
lange   *longtemps*
das Ding, -e   *la chose*
erledigen   *régler*
Sie besprechen folgende Fragen: *Concertez-vous pour répondre aux questions suivantes:*
besprechen   *discuter*
folgende Fragen   *les questions suivantes*
die Frage, -n   *la question*
Hören Sie zuerst ein Beispiel.   *Ecoutez d'abord un exemple.*
zuerst   *d'abord*
das Beispiel, -e   *l'exemple*
Sie können folgende Sätze verwenden: ...
Vous pouvez utiliser les phrases suivantes: ...
der Satz, ¨e   *la phrase*
verwenden   *utiliser*
Was brauchen wir?   *Nous avons besoin de quoi?*
brauchen   *avoir besoin*
Was müssen wir besorgen?   *Que devons-nous acheter?*
besorgen   *se procurer*
erledigen   *exécuter*
Also, ich gehe ...   *Donc, je m'en vais ...*
also   *donc*

Seite 97

Die Hauptstraße immer geradeaus bis zur Buchhandlung.   *La rue principale toujours tout droit jusqu'à la librairie.*
geradeaus   *tout droit*
immer geradeaus   *toujours tout droit*
bis zu   *jusqu'à*
Gehen Sie links in die Agnesstraße.
Tournez à gauche dans la Agnesstraße.
links   *à gauche*
An der Ecke ist ein Restaurant.   *Au coin il y a un restaurant*
die Ecke, -n   *le coin*
Gehen Sie rechts in die Hertzstraße.
Tournez à droite dans la Hertzstraße.
rechts   *à droite*
Die Kantgasse ist zwischen der Post und dem Rathaus.   *La Kantgasse se trouve entre la poste et la mairie.*
zwischen   *entre*
Die Bäckerei ist neben dem Fotostudio Siebert.   *La boulangerie est à côté de l'atelier de photographie Siebert.*
neben   *à côté*

Schlagen Sie den Stadtplan auf S. 94 auf. *Regardez le plan de la ville à la page 94.*
der Stadtpan, ¨e *le plan de la ville*
aufschlagen *ouvrir*
Wiederholen Sie dann die Wegerklärungen. *Réexpliquez ensuite les différents chemins.*
die Wegerklärung, -en *l'explication du chemin*

Seite 98

die Busreise, -n *le voyage en car*
der Bus, -se *le car, le bus, l'autobus*
die Stadtrundfahrt, -en *la visite de la ville*
Abfahrt täglich 9, 11, 14, 16 Uhr am Breitscheidplatz *Départ place de Breitscheid, tous les jours à 9 h, 11 h, 14 h, 16 h.*
die Abfahrt, -en *le départ*
täglich *quotidien*
Erwachsene 14,– DM Kinder 9,– DM *Adultes 14,00 DM, enfants 9,00 DM*
der Erwachsene, -n *l'adulte*
das Internationale Congress Centrum *Le Centre International de Congrès*
Hinter dem Centrum der Funkturm. *Derrière le Centre la tour de radio.*
hinter *derrière.*
der Funkturm, ¨e *la tour de radio*
Die Reste der Mauer zwischen Ost- und West-Berlin. *Les vestiges du Mur entre Berlin-est et Berlin-ouest.*
der Rest, -e *le reste*
die Mauer, -n *le mur*
Ost- *est*
West- *ouest*
Bis 1989 hat sie Berlin in zwei Teile geschnitten. *Jusqu'en 1989 il (le Mur) a coupé Berlin en deux.*
bis 1989 *jusqu'en 1989*
das Teil, -e *la partie*
schneiden *couper*
Die Weltzeituhr auf dem Alexanderplatz: Treffpunkt für viele Berliner. *L'horloge universelle sur la Alexanderplatz: un point de rencontre pour beaucoup de Berlinois.*
der Platz, ¨e *la place*
der Treffpunkt, -e *le point de rencontre*
Die Kaiser-Wilhelm-Gedächtniskirche am Bahnhof Zoo. *L'église commémorative de l'empereur Guillaume à la Bahnhof Zoo.*
der Kaiser, - *l'empereur*
die Gedächtniskirche, -n *l'église commémorative*
der Bahnhof Zoo *la gare centrale à Berlin*
Neben der Ruine der neue Turm. *A côte des ruines, la nouvelle tour*
die Ruine, -n *la ruine*
Das Humboldt-Denkmal vor der Humboldt-Universität. *Le monument de Humboldt devant l'université du même nom.*
das Denkmal, ¨er *le monument*
vor *devant*
die Universität, -en *l'université*
der Fernsehturm, ¨e *la tour de télévision*
In der Kugel, hoch über der Stadt, ein Restaurant. *Dans la partie sphérique, dominant la ville, un restaurant.*
die Kugel, -n *la sphère, la boule*
hoch *haut*
über *sur, au-dessus*
Unter dem Turm der Alexanderplatz. *Au pied de la tour la Alexanderplatz.*
unter *sous, au-dessous*
der Turm, ¨e *la tour*

Seite 99

Hören Sie den Text und machen Sie Notizen. *Ecoutez le texte et prenez des notes.*
die Notiz, -en *la note*
zum Schluß *pour terminer*
Ihre Freundin/Ihr Freund ist nicht mitgefahren. *Votre ami(e) n'est pas venu(e) avec vous.*
mitfahren *aller avec qn*
Beschreiben Sie die Fahrt. *Racontez le voyage.*
beschreiben *décrire*
die Fahrt, -en *le voyage, le trajet*
Der Berliner Bär ist das Wappentier von Berlin. *L'ours est l'animal héraldique de Berlin.*
der Bär, -en *l'ours*
das Wappentier, -e *l'animal héraldique*
Wo steht er? *Où est-il debout?*
stehen *être debout*
Wo sitzt er? *Où est-il assis?*
sitzen *être assis*

Seite 100

klettern *grimper*
etwas schreiben *écrire quelque chose*
fliegen *voler*
etwas legen *poser quelque chose*
fahren *conduire*
etwas stellen *mettre quelque chose (debout)*
die Tasche, -n *le sac*

Seite 101

Alle Wege nach Berlin *Tous les moyens d'aller à Berlin*
der Weg, -e *la voie*
Seit 1990 haben Sie freie Fahrt nach Berlin. *Depuis 1990 vous avez la voie libre pour aller à Berlin.*
freie Fahrt *voie libre*
Die Grenze zwischen der Bundesrepublik und der DDR gibt es nicht mehr. *La frontière entre la RFA et la RDA n'existe plus.*
die Grenze, -n *la frontière*
die Bundesrepublik *la République fédérale d'Allemagne*
die DDR (die Deutsche Demokratische Republik) *la RDA (République démocratique allemande)*
Berlin ist wieder ein Verkehrszentrum in der Mitte Europas. *Berlin est redevenu un centre de communication au milieu de l'Europe.*
das Verkehrszentrum, -zentren *le centre de communication*
das Zentrum, Zentren *le centre*
die Mitte *le milieu*
Europa *l'Europe*
Sie haben die Wahl: ... *Vous avez le choix: ...*
die Wahl, -en *le choix*
Mit dem Flugzeug *Par avion*
das Flugzeug, -e *l'avion*
Auf den Flughäfen Tegel, Tempelhof und Schönefeld landen täglich mehr als 400 Linienflugzeuge. *Sur les aéroports de Tegel, Tempelhof et Schönefeld atterrissent tous les jours plus de 400 avions de ligne.*
der Flughafen, ⸚ *l'aéroport*
landen *atterrir*
mehr als 400 *plus de 400*
das Linienflugzeug, -e *l'avion de ligne*
Es gibt Flugverbindungen in fast alle Länder der Welt. *Il y a des liaisons aériennes avec presque tous les pays du monde.*

die Flugverbindung, -en *la liaison aérienne*
fast *presque*
alle *tous*
die Welt, -en *le monde*
Besonders gut sind die Verbindungen nach Osteuropa. *Les liaisons avec l'Europe de l'Est sont particulièrement bonnes.*
die Verbindung, -en *la liaison*
Sie können in einer Reisegruppe mit dem Bus nach Berlin fahren. *Vous pouvez faire un voyage organisé à Berlin en autocar.*
die Reisegruppe, -n *le groupe (de touristes)*
der Bus, -se *l'autocar*
Es gibt aber auch Linienbusse nach Berlin. *Il y a également des autobus réguliers pour aller à Berlin.*
der Linienbus, -se *l'autobus régulier*
Sie fahren von vielen Städten in Deutschland zum Busbahnhof am Funkturm. *Départ de plusieurs villes d'Allemagne à destination de la gare routière près de la tour de radio.*
der Busbahnhof, ⁻e *la gare routière*
Fahrpläne und Auskünfte bekommen Sie in allen Reisebüros. *Vous pouvez obtenir des renseignements et les horaires dans toutes les agences de voyages.*
der Fahrplan, ⁻e *l'horaire*
die Auskunft, ⁻e *le renseignement*
das Reisebüro, -s *l'agence de voyages*
Von Norden, Süden, Osten und Westen können Sie auf Autobahnen und auf Bundesstraßen nach Berlin fahren. *Du Nord, du Sud, de l'Est ou de l'Ouest vous pouvez vous rendre à Berlin par les autoroutes ou les routes fédérales.*
der Norden *le nord*
der Süden *le sud*
der Osten *l'est*
der Westen *l'ouest*
die Bundesstraße, -n *la route fédérale*
Mit der Bahn *par le chemin de fer, en train*
die Bahn, -en *le chemin de fer*
Sehr bequem reisen Sie mit der Bahn bis in die Innenstadt von Berlin. *Vous voyagez très confortablement jusqu'au centre de Berlin avec le train.*
reisen *voyager*
die Innenstadt, ⁻e *le centre ville*
Fahrkarten bekommen Sie auf den Bahnhöfen am Schalter, aber auch in vielen Reisebüros. *Les billets sont vendus aux guichets de gare ainsi que dans de nombreuses agences de voyages.*
die Fahrkarte, -n *le billet*
der Schalter, - *le guichet*
Man fährt ... über ... nach ... *On passe par ... via ...*
über ... nach ... *par ... via ...*
Von fährt man weiter nach *de ... on continue jusqu'à ...*
von ... nach ... *de ... jusqu'à*

Seite 102

Ein US-Amerikaner berichtet. *Un américain raconte*
berichten *raconter*
Bis 1962 war ich in Berlin Offizier bei der US-Armee. *Jusqu'en 1962 j'étais officier de l'armée américaine à Berlin.*
der Offizier, -e *l'officier*
die Armee, -n *l'armée*
Jetzt, nach 30 Jahren, komme ich wieder zurück. *Aujourd'hui, 30 ans plus tard, je reviens.*
nach 30 Jahren *30 ans après*
zurückkommen *revenir*

Nicht als Soldat, sondern als Journalist. *Pas en tant que soldat mais en tant que journaliste.*
der Soldat, -en *le soldat*
sondern *mais*
der Journalist, -en *le journaliste*
In 30 Jahren ist viel passiert. *Il s'est passé beaucoup de choses en 30 ans.*
in 30 Jahren *en trente ans*
viel *beaucoup*
Bis 1990 ist man durch die DDR nach Berlin gefahren. *Jusqu'en 1990, pour aller à Berlin on traversait la RDA.*
durch *à travers*
Dieser Staat existiert nicht mehr. *Cet état n'existe plus.*
existieren *exister*
Deutschland ist nicht mehr geteilt, ... *L'Allemagne n'est plus divisée ...*
nicht mehr *ne plus*
geteilt *divisé, partagé*
Ich fahre zuerst zum Brandenburger Tor, dem Symbol für die deutsche Einheit. *Je vais d'abord à la porte de Brandebourg, le symbole de l'unité allemande.*
das Tor, -e *la porte, le portail*
das Symbol, -e *le symbole*
deutsch *allemand*
die Einheit, -en *l'unité*
Früher war hier die Mauer. *Autrefois, à cet endroit il y avait le Mur.*
früher *autrefois*
Hier findet man berühmte Gebäude des alten Berlin: ... *Ici on trouve de célèbres bâtiments du vieux Berlin: ...*
berühmt *célèbre*
das Gebäude, - *le bâtiment*
die Staatsoper *l'opéra national*
die Oper, -n *l'opéra*
die Neue Wache *ancien bâtiment de la garde*

das Museum, Museen *le musée*
die Geschichte, -n *l'histoire*
u.v.a. (und viele andere) *et bien d'autres encore.*
Hier war auch das Zentrum Ost-Berlins. *Ici c'était également le centre de Berlin-est.*
das Zentrum, Zentren *le centre*
Der Platz war nach dem Krieg völlig zerstört. *La place était complètement détruite après la guerre.*
der Platz, -̈e *la place*
nach dem Krieg *après la guerre*
der Krieg, -e *la guerre*
völlig *complètement*
zerstören *détruire*
Man hat ihn neu aufgebaut. *On l'a reconstruite (la place).*
aufbauen *reconstruire*
Für einen Westbesucher ist die Architektur des Sozialismus ungewohnt. *Pour un visiteur de l'Ouest, l'architecture du socialisme est inhabituelle.*
der Besucher, - *le visiteur*
die Architektur *l'architecture*
der Sozialismus *le socialisme*
ungewohnt *inhabituel, inaccoutumé*
Was ist wahr? Was ist falsch? *Qu'est-ce qui est vrai, qu'est-ce qui est faux?*
wahr *vrai*

Seite 103

mit wenig Phantasie gebaut *construit avec peu d'imagination*
wenig *peu*
die Phantasie, -n *l'imagination, la fantaisie*
bauen *construire*
... und das Leben auf dem Platz ist nicht mehr so grau wie früher. *... et la vie*

sur la place n'est plus aussi grise
qu'autrefois.
das Leben la vie
grau gris
so ... wie ... aussi ... que
Wir haben endlich unsere Freiheit ...
Nous avons enfin notre liberté ...
endlich enfin
die Freiheit la liberté
... und die Geschäfte sind voll mit Waren.
... et les magasins sont pleins de marchandises.
voll sein être plein de
die Ware, -n la marchandise
Viele Leute sind arbeitslos oder verdienen sehr wenig. Beaucoup de gens sont en chômage ou gagnent très peu.
arbeitslos en chômage
oder ou
verdienen gagner
Das bringt natürlich soziale Probleme.
Naturellement cela entraîne des problèmes sociaux.
bringen apporter
natürlich naturellement
sozial social
das Problem, -e le problème
Und die merkt man auch. Et on s'en aperçoit bien.
merken remarquer
Die Atmosphäre auf dem Alexanderplatz ist nicht sehr optimistisch. L'ambiance n'est pas très optimiste sur la Alexanderplatz.
die Atmosphäre, -n l'atmosphère, l'ambiance
optimistisch optimiste
Ich möchte vergleichen und fahre zum Ku'damm. J'aimerais comparer et je vais au Ku'damm.
vergleichen comparer

Das Leben hier ist bunt und interessant, aber auch nervös und hektisch. La vie ici est colorée et intéressante, mais aussi agitée et trépidante.
bunt coloré
interessant intéressant
nervös nerveux
hektisch trépidant
Hier treffen ganz verschiedene Leute zusammen, und alle leben ihren Stil: Ici des gens très différents se rencontrent et ils vivent chacun leur style:
zusammentreffen se rencontrer
verschieden différent
der Stil, -e le style
der Reiche, -n le riche
der Arme, -n le pauvre
der Jugendliche, -n l'adolescent
der Rentner, - le retraité
der Ausländer, - l'étranger
der Bürger, - le bourgeois
der Künstler, - l'artiste
der Punk, -s le punk
die Geschäftsleute (Plural) les hommes d'affaires
Diese Gruppen haben alle ihre verschiedenen Interessen. Ces groupes ont tous leurs propres intérêts.
die Gruppe, -n le groupe
verschieden différent
das Interesse, -n l'intérêt
Das bringt natürlich Konflikte. Naturellement, cela entraîne des conflits.
der Konflikt, -e le conflit
Für den Studenten Dirk ist das kein Problem. Pour D. l'étudiant cela n'est pas un problème.
der Student, -en l'étudiant
das Problem, -e le problème
Wir in Berlin sind sehr tolerant. Nous, à Berlin, nous sommes très tolérants.

tolerant *tolérant*
Viele West-Berliner sehen das aber ganz anders. *Beaucoup de Berlinois de l'Ouest voient les choses d'une façon tout à fait différente.*
anders *autrement, différemment*
Seit der Vereinigung kommen immer mehr Menschen in die Stadt. *Depuis la réunification de plus en plus de gens viennent en ville.*
Vereinigung, -en *la réunification*
Es gibt bald keinen Platz mehr. *Bientôt il n'y aura plus de place.*
der Platz *la place*
Die Wohnungen sind knapp und teuer, und die Kriminalität steigt. *Les logements sont rares et chers, et la criminalité augmente.*
knapp *rare*
die Kriminalität *la criminalité*
Auch sie haben mehr Freiheit gewonnen. *Eux aussi ont gagné plus de liberté.*
gewinnen *gagner*
Sie wohnen nicht mehr auf einer Insel in der DDR. *Ils n'habitent plus dans une île au milieu de la RDA.*
die Insel, -n *l'île*
Sie können jetzt wieder Ausflüge in die schöne Umgebung Berlins machen. *A présent, ils peuvent de nouveau faire des excursions dans les agréables alentours de Berlin.*
die Umgebung *les alentours, les environs*
Jedes Wochenende fahren Tausende an die Berliner Seen. *Tous les week-ends, des milliers de gens se rendent aux lacs des environs de Berlin.*
der See, -n *le lac*
Viele Menschen ziehen nach Berlin. Deshalb fehlen Wohnungen. *Beaucoup de gens viennent s'installer à Berlin. C'est pourquoi il n'y a pas assez de logements.*
ziehen *s'installer*
deshalb *c'est pourquoi*
fehlen *manquer*

Seite 104

bei der Ampel scharf rechts *au feu, prenez tout de suite à droite*
die Ampel, -n *le feu*
scharf rechts *tout de suite à droite*
dann bis zur zweiten Kreuzung geradeaus *ensuite allez tout droit jusqu'au 2e croisement*
die Kreuzung, -en *le croisement*
über den Platz weg *traversez la place*
um das Hochhaus herum *contournez la tour*
um ... herum *autour de*
das Hochhaus, ¨-er *la tour*
bei der Tankstelle links halten *à la station service gardez votre gauche*
die Tankstelle, -n *la station service*
links halten *garder sa gauche*
wenn man Ihnen sagt: ... *si on vous dit: ...*
wenn *si*
... dann verlieren Sie bitte nicht die Hoffnung ... *alors ne perdez surtout pas espoir.*
verlieren *perdre*
die Hoffnung *l'espoir*

Lektion 9

Seite 105

die Vase, -n *le vase*
die Weinglas, ¨-er *le verre à vin*

die Tasche, -n *le sac à main*
die Pfeife, -n *la pipe*
das Parfüm, -s *le parfum*
die Halskette, -n *le collier*
der Ring, -e *la bague*
der Wecker, - *le réveil*
Freut Euch mit uns: Wir heiraten. *Partagez notre joie, nous nous marions.*
freuen *se réjouir*
Schenken Sie Blumen! *Offrez des fleurs!*
schenken *faire cadeau de/offrir*
Weihnachten *Noël*
das Jubiläum, Jubiläen *l'anniversaire de l'exercice d'une fonction, ou d'un certain nombre d'années d'ancienneté dans une entreprise; l'anniversaire de la création d'une entreprise, le cinquantenaire*

tragen *porter*
der Videorekorder, - *le magnétoscope*
das Wörterbuch, ¨er *le dictionnaire*
die Schallplatte, -n *le disque*
das Feuerzeug, -e *le briquet*
der Hund, -e *le chien*
die Schreibmaschine, -n *la machine à écrire*
der Tennisball, ¨e *la balle de tennis*
das Kochbuch, ¨er *le livre de cuisine*
der Schlafsack, ¨e *le sac de couchage*
der Reiseführer, - *le guide*
das Zelt, -e *la tente*
das Werkzeug, -e *l'outil*
der Plattenspieler, - *le tourne-disque, l'électrophone*
das Fahrrad, ¨er *la bicyclette*
die Katze, -n *le chat*

Seite 106

Was brauchen Sie? *De quoi avez-vous besoin?*
brauchen *avoir besoin*
Deshalb möchte ich eine Kaffeemaschine haben. *C'est pourquoi j'aimerais avoir une machine à café.*
die Kaffeemaschine, -n *la machine à café*
das Haustier, -e *l'animal domestique*
der Fernsehfilm, -e *le téléfilm*
der Gast, ¨e *l'invité*
spülen *faire la vaisselle*
zu spät *trop tard*
spät *tard*
Auto selber reparieren *réparer soi-même sa voiture*
selber *(soi-)même*
der Campingurlaub *les vacances au camping*
gern Schmuck tragen *aimer porter des bijoux*
der Schmuck *le bijou*

Seite 107

Herr Mahlein hat Geburtstag. *C'est l'anniversaire de M. M.*
der Geburtstag, -e *l'anniversaire*
Frau Mahlein schenkt ihm einen Videorekorder. *Mme M. lui fait cadeau d'un magnétoscope.*
Jochen liebt Lisa. *Jochen aime Lisa.*
lieben *aimer*
Der Verkäufer zeigt den Kindern ein Radio. *Le vendeur montre une radio aux enfants.*
der Verkäufer, - *le vendeur*
zeigen *montrer*
Dann empfiehlt er ihnen einen Radiorekorder. *Ensuite il leur recommande un radiocassette.*
der Radiorekorder, - *le radiocassette*
empfehlen *recommander*
Sie stellt dem Lehrer eine Frage. *Elle pose une question au professeur.*

eine Frage stellen *poser une question*
Er erklärt ihr den Dativ. *Il lui explique le datif.*
erklären *expliquer*
der Dativ, -e *le datif (complément d'objet indirect)*
Der Vater will dem Jungen helfen. *le père veut aider son garçon.*
der Junge, -n *le garçon*
helfen *aider*
Deshalb kauft er ihm eine Sprachkassette. *C'est pourquoi il lui achète une cassette de langue.*
deshalb *pour cette raison*
die Sprachkassette, -n *la cassette de langue*
Sie will ihm das Rad schenken. *Elle veut lui offrir le vélo.*
das Rad, ¨er *le vélo*

Seite 108

Schreiben Sie ihn dann zu Ende. *Rédigez-en la fin.*
zu Ende *à la fin*
Schau mal, morgen ist die Party bei Hilde und Georg. *Regarde, c'est demain qu'il y a la partie chez H. et G.*
die Party, -s *la partie*
Ach ja, stimmt. *Ah oui! c'est vrai.*
ach ja! *ah oui!*
Sie schenken ihm keinen… denn das … *Vous ne lui offrez pas de … car*
denn *car*
Beraten Sie: … *donnez un conseil:*
beraten *délibérer, réfléchir*
Doris Lindemann wird 30. *D. L va avoir 30 ans.*
werden *devenir*
geht gern ins Theater *aime aller au théâtre*
das Theater, - *le théâtre*
Ewald Berger feiert sein Dienstjubiläum. *Ewald Berger fête ses x ans d'entreprise.*
feiern *fêter*
das Dienstjubiläum, -jubiläen *x ans d'entreprise*
der Ingenieur, -e *l'ingénieur*
Daniela und Uwe Reiter geben eine Silvesterparty. *D. et U. R. organisent une fête pour la Saint-Sylvestre.*
die Silvesterparty, -s *le réveillon de la Saint-Sylvestre*
das Camping *le camping*

Seite 109

Die Feier ist am Freitag, 3. 2., um 20.00 Uhr. *La fête a lieu le vendredi,03/02, à 20 heures.*
die Feier, -n *la fête*
Ich lade Dich herzlich ein. *Je t'invite cordialement.*
herzlich *cordial, sincère*
… habe meine Prüfung bestanden. *J'ai réussi mon examen.*
die Prüfung, -en *l'examen*
bestehen *passer, réussir (à un examen)*
… und unseren anderen Bekannten und Freunden … *et nos autres connaissances et amis …*
die / der Bekannte, -n (ein Bekannter) *la connaissance*
Schreiben Sie jetzt selbst einen Einladungsbrief. *Ecrivez votre propre lettre d'invitation.*
der Einladungsbrief, -e *la lettre d'invitation*
den Führerschein machen *passer le permis de conduire*
der Führerschein, -e *le permis de conduire*

Seite 110

Der Kunde ist König! *Le client est roi!*
der König, -e *le roi*
Wir machen Möbel nach Ihren Wünschen. *Nous faisons des meubles sur mesures.*
die Möbel, - *les meubles*
der Wunsch, ¨-e *le souhait*
Der Stuhl gefällt mir ganz gut. *La chaise me plaît assez bien.*
ganz gut *assez bien*
Kein Problem! *Pas de problème!*
So ist er groß genug, aber leider zu schmal. *Comme ça, elle est assez grande, mais malheureusement trop étroite.*
groß genug *assez grande*
schmal *étroit*
Ich möchte ihn gern breiter haben! *J'aimerais qu'elle soit plus large!*
breit *large*
nicht schlecht *pas mal*
Aber die Rückenlehne ist zu kurz. *Mais le dossier est trop bas.*
die Rückenlehne, -n *le dossier*
kurz *court*
Ich möchte sie gern länger haben. *J'aimerais qu'il soit plus haut.*
lang *long*
Wunderbar! Jetzt ist die Lehne lang genug. *Merveilleux, maintenant le dossier est assez haut.*
wunderbar *merveilleux*
die Lehne, -n *le dossier*
Hilfe! *A l'aide!, au secours!*
die Hilfe, -n *l'aide*
Warum laufen Sie so langsam? *Pourquoi courez-vous si lentement?*
laufen *courir*
langsam *lentement*
Können Sie nicht schneller laufen? *Vous ne pouvez pas courir plus vite?*
schnell *vite*
Schreiben Sie jetzt selbst einen Text für einen Comic. *Ecrivez vous-même un texte pour une bande dessinée.*
der Comic, -s *la bande dessinée*
niedrig *bas*
das Holz, ¨-er *le bois*
die Platte, -n *le dessus de la table*
das Brett, -er *la planche*
dünn *mince*
dick *épais*

Seite 111

Vergleichen Sie die Tische. *Comparez les tables.*
vergleichen *comparer*
der Komparativ, -e *le comparatif*
der Superlativ, -e *le superlatif*
leicht *léger*

Seite 112

Viel Technik im Miniformat *Beaucoup de technique en miniformat.*
die Technik *la technique*
das Miniformat, -e *le miniformat*
Der Video Walkman ist Videorekorder und Fernsehen in einem Gerät. *Le baladeur vidéo sert à la fois de magnétoscope et de téléviseur.*
der Fernseher, - *le téléviseur*
das Gerät, -e *l'appareil*
Zusammen mit der Kamera CCD G100ST haben Sie ein Videostudio im Miniformat. *En association avec la caméra CCD G100ST vous avez un studio vidéo en miniformat*
das Videostudio, -s *le studio vidéo*
Das kleine Ding fürs Geschäft *la petite machine pour les affaires*

das Ding, -er / -e *la chose*
das Geschäft, -e *les affaires*
Mit einem Video Walkman sagen Sie ganz einfach zu Ihren Kunden: … *Avec un baladeur vidéo vous dites tout simplement à votre client: …*
einfach *simplement, simple*
der Kunde, -n *le client*
Ja, dann schauen wir mal! *Bon, alors, regardons!*
schauen *regarder*
Und schon sieht er Ihr Produkt auf dem LCD-Bildschirm, … *Et il voit aussitôt votre produit apparaître sur l'écran LCD, …*
das Produkt, -e *le produit*
der Bildschirm, -e *l'écran*
der LCD-Bildschirm („Liquid Crystal Display") *L'écran à cristaux liquides*
… perfekt präsentiert in Bild und Ton. *parfaitement présenté avec son et image.*
perfekt *parfait, parfaitement*
präsentieren *présenter*
der Ton, ¨-e *le son*
Antenne raus, den Video Walkman einschalten, und schon können Sie fernsehen. *tirer l'antenne, allumer le baladeur vidéo et vous pouvez déjà regarder la télévision.*
die Antenne, -n *l'antenne*
raus=heraus:herausziehen *tirer*
einschalten *allumer*
So bekommen Sie Ihre Informationen, aktuell in Bild und Ton. *Vous recevez ainsi les informations actuelles, avec son et image.*
Informationen bekommen *recevoir des informations*
die Information, -en *l'information*
aktuell *actuel*

Denn die Zeit der langweiligen Dia-Vorträge ist vorbei. *Car l'époque des ennuyeuses conférences avec diapositives est passée.*
das Dia, -s *la diapositive*
der Vortrag, ¨-e *la conférence, le rapport*
vorbei *passé, fini*
Der Video Walkman bringt die Erinnerungen zurück, lebendig in Bild und Ton. *Le baladeur vidéo fait revivre les souvenirs par le son et par l'image.*
die Erinnerung, -en *le souvenir*
lebendig *vivant*
Gefilmt haben Sie mit der Kamera CCD G100ST … *Vous avez filmé avec la caméra CCD G100ST …*
filmen *filmer*
… aber High-Tech durch und durch. … *mais de la haute technologie à 100 ou 100.*
High-Tech *la haute technologie*

Seite 113

Welches Foto und welcher Abschnitt im Text gehören zusammen? *A quel passage du texte correspondent les photos ci-dessous?*
der Abschnitt, -e *le passage*
zusammengehören *aller ensemble*
die Fotomesse, -n *le salon de la photo*
Wer kann den Walkman gut gebrauchen? *A qui est-ce que le baladeur peut être utile?*
gebrauchen *utiliser, se servir de*
Filme aufnehmen und sehen *enregistrer et regarder des films*
aufnehmen: Film aufnehmen *enregistrer un film, filmer*
zu Hause an den Fernseher anschließen *A la maison, peut être branché sur le*

téléviseur.
anschließen brancher, connecter
im Urlaub en vacances
Strom aus der Steckdose l'électricité du réseau
der Strom le courant, l'électricité
in jede Handtasche passen il va/il a sa place dans tous les sacs à main
die Handtasche, -n le sac à main
passen aller/passer
Videokassetten so klein wie Musikkassetten Des cassettes vidéo aussi petites que des cassettes de musique.
die Videokassette, -n la cassette vidéo
die Musikkassette, -n la cassette de musique
der Akku, -s l'accumulateur

Seite 114

Jetzt bin ich viel glücklicher! Maintenant je suis beaucoup plus heureux!
glücklich heureux
Er hatte eine attraktive Frau. Il avait une femme attrayante.
attraktiv attrayant, séduisant
eine Stadtwohnung mit Blick auf die Binnenalster Un logement en ville avec vue sur l'Alster intérieure
der Blick la vue
Heute lebt er in einem Dorf in Ostfriesland. Aujourd'hui il vit dans un village de la Frise orientale.
das Dorf, ¨-er le village
Unsere Mitarbeiterin Paula Diebel hat mit ihm gesprochen. Notre collaboratrice P. D. lui a parlé.
die Mitarbeiterin, -nen la collaboratrice
Sie waren in Hamburg sehr erfolgreich. Vous avez connu un succès fou à Hambourg.

erfolgreich couronné de succès
Ihr Café war bekannt und immer gut besucht. Votre café était célèbre et très fréquenté.
bekannt célèbre, connu
gut besucht qui a beaucoup de clients
Es war eigentlich ein Zufall. En réalité, c'était par hasard.
eigentlich en réalité
der Zufall, ¨-e le hasard
Ich habe das Bauernhaus hier geerbt, von einer Tante. J'ai hérité cette ferme d'une tante.
das Bauernhaus, ¨-er la ferme
erben hériter
die Tante, -n la tante
Ich habe einen Brief vom Notar bekommen. J'ai reçu une lettre du notaire.
der Notar, -e le notaire
der Streß le stress
Und bevor Sie das Haus geerbt haben – ... Et avant d'hériter de la maison ...
bevor avant de
Feierabend war erst um 19 Uhr. Mes soirées ne commençaient pas avant 19 heures.
der Feierabend, -e le temps libre après une journée de travail
erst um 19 Uhr seulement à 19 heures
Meine Arbeitswoche hatte sieben Tage. Ma semaine de travail comptait sept jours.
die Arbeitswoche, -n la semaine de travail
Ich hatte eigentlich überhaupt keine Freizeit. En réalité, je n'avais pas du tout de temps libre.
überhaupt keine Freizeit Pas du tout de temps libre
Irgendwann reicht es mir. Un de ces jours j'en aurai assez.

irgendwann *n'importe quand*
es reicht mir *j'en ai assez.*
Wir haben noch ein paarmal telefoniert.
Nous avons encore téléphoné plusieurs fois.
ein paarmal *plusieurs fois*
Zum Schluß bin ich nur noch mit Schlafmitteln eingeschlafen. *A la fin, je ne pouvais m'endormir qu'avec des somnifères.*
zum Schluß *à la fin*
der Schluß, Schlüsse *la fin*
das Schlafmittel, - *le somnifère*
Und dieses Haus hier hat dann alles verändert? *Et cette maison ici a tout transformé?*
verändern *transformer, changer*
Verrückt, nicht? *C'est fou, n'est-ce pas?*
verrückt *fou, dément*
Das ist meine Chance! *C'est la chance de ma vie!*
die Chance, -n *la chance*
Die Luft hier ist viel sauberer als in Hamburg. *l'air ici est beaucoup plus pur qu'à Hambourg.*
die Luft, ¨e *l'air*
sauber *propre, pur*
Und das Geld reicht Ihnen? *Et vous avez assez d'argent?*
das Geld *l'argent*
reichen *suffir*
Mein Motto heute heißt: „Nur kein Streß!" *Ma devise aujourd'hui c'est: surtout pas de stress!*
das Motto, -s *la devise*
Was haben Ihre Freunde gesagt zu Ihrem Umzug aufs Land? *Vos amis, qu'ont-ils dit de votre déménagement à la campagne?*
der Umzug, ¨e *le déménagment*
aufs Land *à la campagne*

„Bäcker-Bauer" nennen sie mich. *Ils me traitent de »paysan-boulanger«.*
nennen *nommer, appeler*
Aber das ist mir egal. *Mais ça m'est égal.*
egal *égal*
Meine Tante hatte schon lange keine Kühe mehr; nur noch ein paar Hühner und einen Hund. *Il y a bien longtemps que ma tante n'avait plus de vaches, seulement quelques poules et un chien.*
die Kuh, ¨e *la vache*
das Huhn, ¨er *la poule*
Die habe ich behalten. *Je les ai gardés.*
behalten *garder*
Zwei Schafe habe ich auch, und ein Pferd. *J'ai aussi deux moutons et un cheval.*
das Schaf, -e *le mouton*
das Pferd, -e *le cheval*
Das mag ich am liebsten. *C'est lui que je préfère(le cheval).*
mögen *aimer*
Ist Ihnen nie langweilig, so allein hier? *Vous ne vous ennuyez pas tout seul ici?*
langweilig *ennuyeux*
Langeweile kenne ich nicht. *L'ennui, je ne sais pas ce que c'est.*
die Langeweile *l'ennui*
kennen *connaître*
Mit dem Garten und den Tieren habe ich von März bis Oktober immer eine Beschäftigung. *Avec le jardin et les animaux je suis toujours occupé de mars à octobre.*
das Tier, -e *l'animal*
die Beschäftigung, -en *l'occupation*

Seite 115

der Computer, - *l'ordinateur*
das Motorrad, ¨er *la moto*
völlig überflüssig *tout à fait superflu*

völlig *tout à fait, complètement*
überflüssig *superflu*

Seite 116

Der große Mediovideoaudiotelemax, meine Damen und Herren, ist technisch perfekt. *Mesdames, messieurs, le grand »mediovidéoaudiotelemax« est techniquement parfait.*
meine Damen und Herren *Mesdames, messieurs*
die Dame, -n *la dame*
der Herr, -en *le monsieur*
technisch *techniquement*
perfekt *parfait*
Er kann rechnen. *Il sait compter.*
rechnen *compter*
Sie selber brauchen also nicht mehr rechnen. *Vous-même, vous n'avez donc plus besoin de compter.*
selber *(vous-)même*
brauchen *avoir besoin*
Er kann sogar denken. *Il peut même penser.*
denken *penser*
Der große Mediovideoaudiotelemax ist einfach vollkommen. *Le grand »mediovidéoaudiotelemax« est tout simplement parfait.*
vollkommen *parfait*
Verlassen Sie sich auf den großen Mediovideoaudiotelemax.... *Faites confiance au grand »mediovidéoaudiotelemax« ...*
sich verlassen *faire confiance, compter sur, se fier à*
... und finden Sie endlich Zeit für sich selber. *...et trouvez enfin du temps pour vous-même.*
Zeit finden *trouver le temps*
endlich *enfin*
für sich selber *pour soi-même*

Lektion 10

Seite 117

von einem japanischen Schüler aus Toyohashi *d'un écolier japonais de Toyohashi*
japanisch *japonais*

Seite 118

Was kennen Sie außerdem? *Que connaissez-vous d'autre?*
außerdem *en plus*
Sie können auch ein Fragespiel machen. *Vous pouvez aussi faire un jeu de questions.*
das Fragespiel, -e *le jeu de questions*
die Hauptstadt von Deutschland *la capitale de l'Allemagne*
die Hauptstadt, ¨e *la capitale*
die Fluglinie, -n *la ligne aérienne*
das Gericht, -e *le plat*
stellt Lebensmittel her *fabrique des produits alimentaires*
herstellen *fabriquer*
das Lebensmittel, - *le produit alimentaire*
das Stahlprodukt, -e *le produit en acier*
das Chemieprodukt, -e *le produit chimique*
das Elektrogerät, -e *l'appareil électrique*
die Sportkleidung *les vêtements de sport*
der Schriftsteller, - *l'écrivain*
der Maler, - *le peintre*
der Komponist, -en *le compositeur*

der Politiker, - *l'homme politique*
die Sportlerin, -nen *la sportive*
der Schauspieler, - *l'acteur*
der Wissenschaftler, - *l'homme de sciene*
komponieren *composer*
malen *peindre*
spielen *jouer*
erfinden *inventer*
entdecken *découvrir*

Seite 119

Personen-Quiz: Große Namen *jeu des noms célèbres*
das Quiz *le concours, le jeu, le quiz*
große Namen *les noms célèbres*
Welche Daten gehören zu Person Nr. 1? *Quelles sont les données qui correspondent à la personne No. 1?*
die Daten *(Plural)* *les données*
gehören *appartenir*
geboren *né*
Sein Vater war Beamter. *Son père était fonctionnaire.*
der Beamte, -n *le fonctionnaire*
das Studium, Studien *les études*
1776: endgültig in Weimar *1776: définitivement à Weimar.*
endgültig *définitivement, définitif*
gestorben *décédé*
die Heirat *le mariage*
der Minister, - *le ministre*
das Werk, -e *l'œuvre*
„die Zauberflöte" *„la flûte enchantée"*
der Zauber *l'enchantement*
die Flöte, -n *la flûte*
die Krönungsmesse *la messe du couronnement*
die Krönung, -en *le couronnement*
die Messe, -n *la messe*
Jupiter *Jupiter*

die Sinfonie, -n *la symphonie*
Wählen Sie eine berühmte Person. *Choisissez une personne célèbre.*
berühmt *célèbre*
wählen *choisir*
Suchen Sie Informationen im Lexikon. *Cherchez des informations dans le dictionnaire.*
die Information, -en *l'information*
das Lexikon, Lexika *le dictionnaire*
Fangen Sie z.B. so an: ... *Commencez par exemple ainsi:*
z.B. (= zum Beispiel) *p. ex. (= par exemple)*
Geben Sie höchstens acht Informationen. *Donnez au maximum 8 informations.*
höchstens *au maximum*
das Datum, Daten *la date*
die Jahreszahl, -en *l'année*

Seite 120

Die deutschsprachigen Länder *Les pays germanophones*
deutschsprachig *germanophone*
Aber auch in anderen Ländern gibt es Bevölkerungsgruppen, die Deutsch sprechen ... *Mais dans d'autres pays aussi, il y a des catégories de population qui parlent allemand.*
die Bevölkerungsgruppe, -n *la catégorie de population*
Deutschland, Österreich und die Schweiz sind föderative Staaten. *L'Allemagne, l'Autriche et la Suisse sont des Etats fédéraux*
föderativ *fédéral*
der Staat, -en *l'Etat*
Die „Schweizerische Eidgenossenschaft" („Confœderatio Helvetica" – daher das Autokennzeichen CH) besteht aus 26

63

Kantonen ... *La Confédération Helvétique (d'où la plaque de nationalité CH pour les voitures suisses) se compose de 26 cantons ...*
die Schweizerische Eidgenossenschaft *la Confédération Helvétique*
daher *d'où*
das Autokennzeichen, - *la plaque de nationalité*
bestehen aus *se composer de*
der Kanton, -e *le canton*
die Republik Österreich *la République d'Autriche*
die Republik, -en *la république*
das Bundesland, ⸚er *le land*
der Bund *la fédération*
die Bundesrepublik Deutschland *la République fédérale d'Allemagne.*
Ein Kuriosum: die Städte Bremen, Hamburg und Berlin sind jeweils selber auch ein eigenes Bundesland. *Une chose très curieuse: les villes de Brême, Hambourg et Berlin constituent chacune un land.*
das Kuriosum, Kuriosa *la curiosité*
jeweils *chacune*
eigen- *propre*
In der Schweiz gibt es vier offizielle Sprachen. *En Suisse, il y a quatre langues officielles.*
offiziell *officiel*
die Sprache, -n *la langue*
Französisch spricht man im Westen des Landes, Italienisch vor allem im Tessin, Rätoromanisch in einem Teil des Kantons Graubünden und Deutsch im großen Rest des Landes. *Dans l'ouest du pays, on parle français, l'italien se parle dans le Tessin, le rhéto-roman dans une partie du canton des Grisons et l'allemand dans tout le reste du pays.*

Französisch *le français, la langue française*
Italienisch *l'italien*
vor allem *surtout*
das Tessin *le Tessin*
Rätoromanisch *le rhéto-roman*
Graubünden *les Grisons*
der Rest, -e *le reste*
... es gibt auch Sprachen von Minderheiten: ... *Il y a aussi les langues de minorité.*
die Minderheit, -en *la minorité*
Friesisch an der deutschen Nordseeküste, Dänisch in Schleswig-Holstein, Sorbisch in Sachsen und Slowenisch und Kroatisch im Süden Österreichs. *Le frison sur la côte allemande de la mer du nord, le danois dans le Schleswig-Holstein, le sorabe en Saxe, le slovène et le croate dans le sud de l'Autriche.*
Friesisch *le frison*
die Nordseeküste, -n *la côte de la mer du Nord*
Dänisch *le danois*
Schleswig-Holstein *le Schleswig-Holstein*
Sorbisch *le sorabe (langue parlée en Saxe dans la région de Lusace.*
Sachsen *la Saxe*
Slowenisch *le slovène*
Kroatisch *le croate*
Im Norden klingt sie anders als im Süden, im Osten sprechen die Menschen mit einem anderen Akzent als im Westen. *Dans le nord elle (la langue allemande) sonne autrement que dans le sud, dans l'est la prononciation n'est pas la même que dans l'ouest.*
klingen *sonner*
der Akzent, -e *la prononciation, l'accent*
In vielen Gebieten ist auch der Dialekt

noch sehr lebendig. *Dans beaucoup de régions le dialecte est encore très utilisé.*
das Gebiet, -e *la région*
der Dialekt, -e *le patois, le dialecte*
lebendig *vivant*
Aber Hochdeutsch versteht man überall. *Mais le haut allemand est compris partout.*
das Hochdeutsch *le haut allemand*
der Genitiv *le génitif*

Seite 121

Welche Informationen gibt die Landkarte? *Quelles informations nous fournit la carte géographique?*
die Landkarte, -n *la carte géographique*
Wie viele Nachbarländer hat die Bundesrepublik Deutschland? *La RFA a combien de pays limitrophes?*
das Nachbarland, ¨-er *le pays limitrophe*
Norddeutschland *l'Allemagne du Nord*
Westdeutschland *l'Allemagne de l'Ouest*
Ostdeutschland *l'Allemagne de l'Est*
Süddeutschland *l'Allemagne du Sud*
Welche Bundesländer haben keine Grenzen zum Ausland? *Quels sont les länder qui n'ont pas de frontière avec l'étranger?*
das Ausland *l'étranger*
Welche Bundesländer haben eine Küste? *Quels sont les länder qui ont une côte?*
die Küste, -n *la côte*
Durch welche Bundesländer fließt die Elbe? *Quels sont les länder traversés par l'Elbe?*
fließen *couler*

Seite 122

das Wahrzeichen, - *l'emblème*
1248 hat man mit dem Bau angefangen. *On a commencé la construction en 1248.*
der Bau, -ten *la construction*
Erst 1880 war er fertig. *Ce n'est qu'en 1880 qu'elle (la cathédrale) a été achevée.*
erst 1880 *en 1880 seulement*
fertig sein *être terminé*
Von 1560 bis 1842 hat man aber nicht weitergebaut. *Mais de 1560 à 1842 la construction a été suspendue.*
weiterbauen *continuer à construire*
Diesen modernen Konzertsaal, die Philharmonie, nennen die Berliner „Zirkus Karajani". *Cette salle de concert moderne, la philharmonie, est appelée »Cirque Karajani« par les Berlinois.*
der Konzertsaal, -säle *la salle de concert*
der Zirkus, -se *le cirque*
Herbert von Karajan war bis zu seinem Tod im Juli 1989 Chef der Berliner Philharmoniker. *Jusqu'à sa mort en juillet 1989, Herbert von Karajan a été directeur de l'orchestre philharmonique de Berlin.*
der Tod, -e *la mort*
der Chef, -s *le chef*
die Berliner Philharmoniker *l'orchestre philharmonique de Berlin*
Auch der Hafen ist ein Wahrzeichen dieser Stadt. *Le port est aussi un emblème de la ville*
der Hafen, ¨ *le port*
Das Hofbräuhaus braut schon seit 1589 Bier, aber das Gebäude ist vom Ende des 19. Jahrhunderts. *C'est depuis 1589 que la Hofbräuhaus brasse de la*

bière, cependant le bâtiment date de la
fin du 19e siècle.
brauen *brasser*
das Gebäude, -e *le bâtiment*
das Jahrhundert, -e *le siècle*
Bis zu 30 000 Gäste pro Tag trinken hier
ihr Bier und singen: ... *Jusqu'à 30 000
consommateurs par jour y chantent et y
boivent leur bière.*
bis zu *jusqu'à*
In Dresden steht der Zwinger, ein Barock-
schloß aus den Jahren 1710 bis 1732.
*Le „Zwinger" de Dresde, un château
baroque, construit de 1710 à 1732.*
das Schloß, Schlösser *le château*
das Barock *le baroque*
Nach dem Krieg war der Zwinger zerstört,
seit 1964 kann man ihn wieder besichti-
gen. *Après la guerre le „Zwinger" de
Dresde était détruit, depuis 1964 on
peut de nouveau le visiter.*
der Krieg, -e *la guerre*
zerstören *détruire*
seit 1964 *depuis 1964*
besichtigen *visiter*
Jede Stunde kommen die Touristen und
bewundern die astronomische Uhr. *Les
touristes viennent toutes les heures ad-
mirer l'horloge astronomique.*
der Tourist, -en *le touriste*
bewundern *admirer*
astronomisch *astronomique*
Dieses Riesenrad im Wiener Prater hat der
Engländer W. B. Basset in nur acht Mo-
naten gebaut. *Cette grande roue, dans
le Prater à Vienne, l'anglais W. B. Bas-
set a mis seulement 8 mois pour la con-
struire.*
das Riesenrad, ¨-er *la grande roue*
Es ist 61 Meter hoch. *Elle mesure 61
mètres de haut.*

der Meter, - *le mètre*
Im Juni 1897 sind die Wiener zum ersten
Mal darin gefahren. *Les Viennois l'ont
prise pour la première fois en juin 1897.*
darin *dedans*
Frankfurt am Main ist nicht nur als Messe-
stadt berühmt. *Francfort sur le Main
n'est pas seulement célèbre pour ses
foires.*
die Messestadt, ¨-e *la ville où il y a beau-
coup de foires internationales*
Frankfurts Wahrzeichen ist der Römerberg
mit seinen historischen Häusern. *L'em-
blème de Francfort, c'est le Römerberg
avec ses maisons historiques.*
historisch *historique*
Der Römerberg ist der Sitz des Stadtparla-
ments. *Le Römerberg est le siège du
gouvernement municipal.*
der Sitz, -e *le siège*
das Stadtparlament, -e *le gouvernement
municipal*

Seite 123

Deutsch aus acht Regionen. *Huit types
d'allemand: enregistrements de dif-
férentes régions.*
die Region, -en *la région*
Passen Sie auf: ... *Ecoutez: ...*
aufpassen *prêter attention*
Auf Wiedersehen. *au revoir!*
Hören Sie jetzt 8 Varianten des Dialogs.
*Ecoutez maintenant 8 variations du dia-
logue.*
die Variante, -n *la variation*
Eine Sache – viele Namen *Une chose –
des noms différents*
die Sache, -n *la chose*

Seite 124

Das „Herz Europas" *le cœur de l'Europe*
das Herz, -en *le cœur*
Blau liegt er vor uns, der Bodensee – ein Bindeglied für vier Nationen. *Bleu, il s'étend devant nous, le lac de Constance – un lien entre quatre nations -.*
blau *bleu*
der Bodensee *le lac de Constance*
das Bindeglied, -er *le lien*
vier *quatre*
die Nation, -en *la nation*
der Uferstaat, -en *l'Etat riverain*
ganz in der Nähe *tout près*
die Nähe *la proximité*
150 Kilometer des Ufers gehören zu Baden-Württemberg. *150 kilomètres de rive appartiennent au Bade-Wurtemberg.*
der Kilometer, - *le kilomètre*
das Ufer, - *la rive*
gehören zu *appartenir à, faire partie de*
Hier praktiziert man schon lange die Vereinigung Europas. *Ici on pratique depuis longtemps l'union européenne.*
praktizieren *pratiquer*
Wie selbstverständlich fährt man von Konstanz aus mal kurz ins schweizerische Gottlieben zum Essen. *De Constance il est tout naturel de faire un tour en Suisse pour aller manger à Gottlieben.*
wie selbstverständlich *bien entendu, tout naturel*
Die Österreicher können zu Fuß zum Oktoberfest nach Lindau gehen. *Les Autrichiens peuvent aller à pied à la fête de la bière de Lindau.*
zu Fuß *à pied*
Die Schweizer kommen mit der Fähre nach Friedrichshafen zum Einkaufen. *Les Suisses prennent le bac pour faire leurs courses à Friedrichshafen.*
die Fähre, -n *le bac*
Damals haben Bodensee-Hoteliers den „Internationalen Bodensee-Verkehrsverein" gegründet. *A cette époque-là, les hôteliers du lac ont fondé le »syndicat d'initiative international du lac de Constance«.*
damals *autrefois*
der Hotelier, -s *l'hôtelier*
der Verkehrsverein, -e *le syndicat d'initiative*
gründen *fonder, créer*
Der Bodensee ist 538 Quadratkilometer groß. *Le lac de Constance a une superficie de 538 km².*
der Quadratkilometer, - *le kilomètre carré*
die Präposition, -en *la préposition*

Seite 125

Am tiefsten ist er südlich von Immenstaad: 252 m. *C'est au sud de Immenstaad qu'il est le plus profond: 252 m.*
tief *profond*
südlich *au sud de*
Durch den Bodensee fließt der Rhein. *le Rhin traverse le lac de Constance.*
durch *à travers*
fließen *couler*
Außerdem fließen mehr als 200 weitere Flüsse und Bäche in den See. *En outre, il y a plus de 200 autres fleuves et ruisseaux qui se déversent dans le lac.*
weitere *autre*
der Fluß, Flüsse *le fleuve, la rivière*
der Bach, -̈e *le ruisseau*
Der Wanderweg um den Bodensee ist 316

Kilometer lang, der Radweg ungefähr 300 km. *Le chemin de randonnée autour du lac fait 316 km, la piste cyclable fait environ 300 km.*
der Wanderweg, -e *le chemin de (grande) randonnée*
um *autour*
ungefähr *environ*
Es gibt zwei Autofähren … *Il y a deux bacs pour les voitures.*
die Autofähre, -n *le bac pour le transport de voitures*
… zwischen Mai und Oktober kann man mit dem Schiff praktisch jede Stadt und jedes Dorf am Bodensee erreichen.
… *de mai à octobre on peut pratiquement atteindre chaque ville et chaque village du lac de Constance par bateau.*
das Schiff, -e *le bateau*
praktisch jede Stadt *pratiquement chaque ville*
erreichen *atteindre, joindre*
Die Schiffahrtslinien betreiben die drei Staaten gemeinsam. *Les lignes de navigation sont exploitées par les trois pays en commun.*
die Schiffahrtslinie, -n *la ligne de navigation*
betreiben *exploiter*
gemeinsam *en commun*
Drei große Inseln gibt es im See. *Il y a trois grandes îles dans le lac.*
die Insel, -n *l'île*
Berge gibt es überall rund um den See. *Il y a des montagnes tout autour du lac.*
der Berg, -e *la montagne*
überall *partout*
rund um den See *tout autour du lac*

Seite 126

wandern *faire de la marche à pied, de la randonnée*
segeln *faire de la voile*
in einer Pension *dans une pension*
die Pension, -en *la pension*
Über welche Sehenswürdigkeiten spricht Herr Grasser außerdem? *De quelles autres curiosités parlent M. G.?*
die Sehenswürdigkeit, -en *la curiosité*
außerdem *en plus*
Zur Blumeninsel Mainau kommt man über eine Brücke. *Pour atteindre Mainau, l'île fleurie, il faut traverser un pont.*
die Blumeninsel, -n *l'île fleurie*
die Brücke, -n *le pont*
Hier wachsen Palmen, Kakteen und Orchideen. *Là, poussent des palmiers, des cactus et des orchidées.*
wachsen *pousser*
die Palme, -n *le palmier*
die Kaktee, -n *le cactus*
die Orchidee, -n *l'orchidée*
das Festspiel, -e *le festival*
Auf der Seebühne spielt man „Die Zauberflöte". *Sur la scène du lac, on joue »La flûte enchantée«.*
die Seebühne, -n *la scène du lac*
der Zeppelin, -e *le dirigeable, le zeppelin*
das Pfahlbaudorf, ¨-er *le village sur pilotis*
das Kloster, ¨ *le monastère, le couvent*
Auch heute noch arbeiten die Mönche im Weinbau. *Aujourd'hui encore les moines cultivent la vigne.*
der Mönch, -e *le moine*
der Weinbau *la viticulture*
Der Rhein fällt hier 21 Meter tief. *Ici le Rhin fait une chute de 21 mètres.*
fallen *tomber*